존재의 노래

존재의 노래

원효의 대승철학
삶, 깨어남, 평등 2권

일러두기

1. 이 책은 "대승기신론"과 원효의 "대승기신론 소 및 별기"와 관련된 총 세 권 중 제 2권이다.

제 1권은 이미 『깨어나는 새벽』이라는 이름으로 출간되었고, 원효의 대승철학을 우화형식으로 풀었다.

제 3권은 "대승기신론"과 원효의 "대승기신론 소 및 별기"의 전체 번역본으로, 『우리는 모두 평등하다』라는 이름으로 출간될 예정이다.

2. 이 책 제 1부 「행성 가이아」는 제 1권 『깨어나는 새벽』의 설정과 내용을 잇는 후속편이다. 법화경과 화엄경, 그리고 신약성경 중 4복음서 등 대승경전의 형식에 따라, 신화적 픽션속에 진리의 가르침인 "존재의 노래 21편"을 배치했다.
이 21편은 제 2부 「존재의 노래」에서 핵심적인 내용을 고른 것이다.
제 1부의 서사 부분은 기후 위기에 대한 문제 의식

에 기초해서, 아이작 아시모프의 SF 소설인『파운데이션』시리즈 중 '가이아 행성' 에피소드를 모티브로 삼았다.

3. 이 책 제 2부「존재의 노래」는 제 3권의 내용 중 핵심을 추려서 정리하고 해설을 더했다.

① ▢ 부분은 각 장의 전체적인 내용과 제 3권과의 관계를 정리한 것이다.

② ▢ 부분은 해당 내용에 대한 해설이다.

③ ▢ 부분은 해당 내용에 대한 좀 더 과감한 해석과 감상이다. 니체의 "짜라투스트라는 이렇게 말했다"를 본떠 "던은 이렇게 말했다"라는 형식을 취해 보았다.

④ 각주 중 "제 3권 제○장" 부분은 제 3권의 해당 장을 표시한 것이고, [논], [소], [별기]라고 표기된 부분은 해당 내용의 정확한 출처를 표시한 것이다. 제 3권이 출간되면 원문과 비교하면서 그 부분을 확인할 수 있을 것이다.

차 례

제 1 부 행성 가이아

제 1 장 전쟁 ········· 10

제 1 절   전쟁 2년차 어느 날 아침········· 10
제 2 절   전투········· 16

제 2 장 위대한 실험 ········· 27

제 1 절   브레이킹 던 ········· 27
제 2 절   위대한 실험 ········· 30

제 3 장 거대한 전환 ········· 73

제 1 절   가이아력 34년 봄 어느 날 ········· 73
제 2 절   거대한 전환 ········· 89

제 4 장 행성 가이아 ········· 94

제 1 절   전쟁의 시작 ········· 94
제 2 절   3년 전쟁 ········· 95
제 3 절   행성 가이아 ········· 96

제 2 부 존재의 노래

제 1 장 뭇 생명의 마음이여 ················· 102

제 2 장 평등한 존재계여! ·················· 110

제 3 장 일심이문一心二門 ·················· 118

제 4 장 말을 끊음과 끊지 않음 ············· 129

제 5 장 심진여문心眞如門 ·················· 132

제 6 장 심생멸문心生滅門 ·················· 140

제 6-1 장 각覺, 깨어있음의 뜻 ············· 145

제 6-2 장 시각始覺, 비로소 깨어남 ········· 150

제 6-3 장 본각本覺, 본래 깨어있음········· 163

제 6-4 장 불각不覺 –
　　　　　 "생멸生滅하는 상相"의 뜻 ······· 169

제 6-5 장 불각不覺 –
　　　　　 "생멸生滅하는 마음식識"의 뜻 ···· 186

제 6-6 장 불각不覺 – 생生과 멸滅 ·········· 208

제 7 장 삼대론三大論: 유한에 갖추어진 무한 ······ 211

제 8 장 훈습론熏習論: 자기초극의 원리 ········· 223

제 9 장 무아론無我論: 자기 초극의 기초 ········· 233

제 10 장 자기초극의 길:
　　　　　상사각相似覺에서 수분각隨分覺까지 ···· 236

제 11 장 자기초극의 길: 범부각凡夫覺에서
　　　　　상사각相似覺까지 ················· 247

제 1 부 행성 가이아

제 1 장 전쟁

제 1 절 전쟁 2년차 어느 날 아침

새벽녘, 으슬으슬한 추위가 엄습하자 잠에서 깼다. 어젯밤 찬 기운 속에서 짚만 깔고 잔 탓인지 몸이 약간 굳어 있었다. 체조로 가볍게 몸을 풀고 막사 밖으로 나가 주위를 뛰었다. 30분쯤 뛰니 땀이 솟았다. 달궈진 몸으로 막사로 돌아와 명상을 시작했다.

먼저 왼쪽 다리를 오른쪽 넓적다리에 올린 후 몸 가까이로 끌어당긴 뒤, 왼쪽 발가락과 오른쪽 넓적다리를 가지런히 맞춰 반가좌半跏坐 자세를 취했다. 이어서 왼손바닥을 오른손 위에 포갰다. 두 손을 왼쪽 넓적다리 위에 바르게 얹고, 몸 쪽으로 당겨 중심을 잡았다.

이번에는 몸을 곧게 세웠다. 먼저 안마하듯 몸과 팔다리 마디를 일고여덟 번 흔들어 준 뒤, 자세를 단정하게 가다듬었다. 어깨뼈가 수평을 이루도록 하여 기울거나 솟아오르지 않게 했다.

머리와 목도 반듯하게 세웠다. 마지막으로 코끝을 배꼽과 일직선에 맞췄다. 좌우와 전후가 치우치지 않도록 주의하고, 지나치게 고개를 들거나 떨구지 않은 채 시선이 자연스레 앞을 향하도록 했다.

이내 조용히 노래를 불렀다.

존재의 노래 (1)

뭇 생명의 마음이여

뭇 생명의 마음은 텅 비어 고요하고,
맑고 깊어서 그윽하네.

그윽하고 또 그윽하나
어찌 온갖 사물의 모습을 벗어났겠으며,
고요하고 또 고요하나
오히려 온갖 말 속에 있다네.

온갖 사물의 모습을 벗어나지 않았으나
그 몸을 볼 수 없고,
온갖 말 속에 있으나
그 모양을 말할 수 없다네.

크다고 말하자니
안이 없을 정도로 작은 곳에 들어가고도
남음이 없고,
작다고 말하자니
바깥 경계가 없을 정도로 큰 것을 감싸고도
오히려 남음이 있다네.

있다고 말해 보지만
한결같이 작용하면서도 비어 있고,
없다고 말해 보지만
만물이 이것을 타고 생겨난다네.

이것을 무엇이라고 말해야 할지 몰라
굳이 이름하여
'뭇 생명의 마음'이라고 하네.

존재의 노래 (2)

사사로움이 없는 지극한 공평함

뭇 생명의 마음이여.

텅 비어 밝으니 큰 허공과 같아서
사사로움이 없구나.
넓고 크니 큰 바다와 같아서
지극히 공평하구나.

지극히 공평하기 때문에
움직임과 고요함이 서로 따라 이루어지고,
사사로움이 없기 때문에
물들음과 맑음이 융합되도다.

물들음과 맑음이 융합되므로
평등하고,
움직임과 고요함이 이루어지므로
차이가 생겨나네.

차이가 있으나 감응의 길이 통하며,
평등하므로 생각과 말의 길이 끊어지네.

이를 체득한 이는 생각과 말의 길이 끊어져
어떤 모습과 소리에 응하더라도 걸림이 없고,
감응의 길이 통하니 이름과 모습을 뛰어넘어
돌아가는 데가 있구나.

이를 체득한 이가 응한 모습과 소리는
형상도 아니고 말도 아니며,
이미 이름과 모습을 뛰어넘었으니
무엇을 뛰어넘고 어디로 돌아가겠는가.

이를 '이치가 없는 지극한 이치'라 하며,
'그렇지 않은 큰 그러함'이라고 이른다네.

다른 막사에서도 조용한 노랫소리가 흘러나왔다. 노래가 끝난 뒤, 마음속으로 "오직 모를 뿐"을 되뇌었다. 서늘한 공기와 차가운 바닥이 전해 주는 감각도, 곧 시작될 전투가 주는 불안도, 전쟁이 어떻게 흘러갈지 모른다는 생각까지도 모두 "오직 모를 뿐" 속에서 사라져갔다.

그렇게 하나로 모인 마음을 배꼽 아래에 두었다. 아랫배에서 흘러나온 부드러운 힘이 온몸 구석구석 흘렀다. 몸이 구름과 같고 그림자와도 같이 있는 듯 없는 듯 느껴졌다. 같은 숙영지에 있는 동료들과 의식이 연결되는 것도 느껴졌다.

숙영지 주변에 자리 잡은 잣나무·자작나무·가문비나무, 담쟁이덩굴과 인동덩굴·하코네덩굴 같은 덩굴들, 털비름·사막쑥·모래풀과 양지꽃 같은 풀 무리, 그리고 그 모든 것을 싣고 있으면서 무겁다 하지 않는 대지와 조용히 하나로 연결되는 것이 느껴졌다.

제 2 절 전투

전투가 시작되기 전, 나와 동료들은 의식을 공명하며 노래했다.

존재의 노래 (3)

뭇 생명이 평등한 세상

믿음이란 결단을 내리는 것이네.
무엇을 결단하는가?
모든 생명체가 평등한 세상이 존재함을.
모든 생명체의 성품에 갖춘 힘으로
평등한 세상을 이룰 수 있음을.
그 평등한 세상에서 무궁한 덕의 작용이 펼쳐짐을.

존재의 노래 (4)

생명의 노래

생명, 몸의 중심이자 주인.
한 마음일심一心, 뭇 생명의 근원.
모든 감각과 욕망을 거두어
한 마음일심一心으로 돌아가라.

존재의 노래 (5)

큰 슬픔

나와 남을 떠난
뭇 생명을 향한 큰 슬픔.

전투는 오전 11시 무렵 시작되었다. 캐피톨 연맹의 사단급 병력이 180대 가까운 전차와 200여대의 장갑차로 구성된 두 개의 기갑여단을 앞세워, 우리가 머물던 숙영지를 향해 진격했다.

먼저 덩굴식물들이 공격에 나섰다. 우리와 의식으로 연결된 이 덩굴들은 감정을 공유하면서 전장으로 몰려들었다. 숲 속 어둠에 잠들어 있던 수 십, 수 백 갈래 덩굴이 서로 뒤엉키며 차가운 공기를 갈랐다. 이들은 땅 속에서 한꺼번에 솟아올라 전차와 장갑차를 휘감았다. 가느다란 덩굴들은 차량의 바퀴와 무거운 체인에 감겨, 마치 고삐처럼 무기들을 고정했고, 굵은 덩굴들은 철갑을 휘감아 들어가 장갑차의 움직임을 봉쇄했다. 덩굴이 겹겹이 얽히며 금속판을 뜯어낼 때마다 무쇠가 찢어지는 굉음이 숲을 울렸다.

곧 캐피톨 연맹은 탱크와 장갑차, 그리고 자주포를 총동원해 숲을 공격하기 시작했다. 전차의 무거운 궤도가 대지를 갈아엎으며 천천히 앞으로 나아갈 때, 수십 톤의 강철은 대지에 깊은 상처를 남겼다. 강철의 몸체가 섬뜩한 광택을 뿜으며, 나무와 풀들을 짓눌렀다. 거대한 전차와 자주포의 포신이 숲을 향해 조준되자, 공기에는 숨 막히는 긴장감이 감돌았다. 곧 포탄이 발사되면서 숲 한가운데로 날아갔고, 우렁찬 폭발음과 함께 나무들이 뿌리째 뽑혀 하늘로 솟구쳤다. 수 백 년 간 생명을 품어온 거목들이 쓰러질 때마다 대지는 통곡하듯 흔들렸고, 잎사귀와 나뭇가지는 하늘로 흩날리며 떨어졌다.

우리는 숲의 고통을 우리의 고통으로 느꼈고, 나와 동료들은 연결된 의식을 한껏 끌어올렸다. 2,000여 명의 연결된 의식이 숲 전체를 감싸자, 숲과 대지가 다시 맹렬하게 반격했다. 대지의 진동이 강해지고, 땅이 갈라졌다. 캐피톨 연맹 병력 일부가 그 균열 속으로 빨려 들어갔다. 초원의 풀들은 날카로운 잎사귀를 치켜들어 적의 기계를 긁고 파손시켰다. 강렬한 햇빛은 캐피톨 연맹의 에너지 장치를 과열시켜 기능을 떨어뜨렸다. 숲의 덩굴은 본능적으로 스스로를 지키려는 듯 꿈틀댔다. 철갑으로 무장한 기갑 차량의 궤도에 감겨 들어가며 멈춰 세우려 애썼지만, 강력한 엔진은 이를 비웃듯 가차 없이 덩굴을 갈아냈다. 그러나 덩굴들은 멈추지 않았다. 잘려나간 끝에서 다시 솟아오르며 철갑 틈새를 파고들어, 마치 심장을 움켜쥐려는 듯 기계를 휘감았다. 나무들은 두꺼운 가지로 장갑을 내리치고, 일부는 약한 지점을 찾아 내부로 침투했다. 전차 안에서 전자 장비가 스파크를 일으키며 불에 타들어갔다.

나와 동료들, 그리고 숲과 대지가 하나로 연결된 의

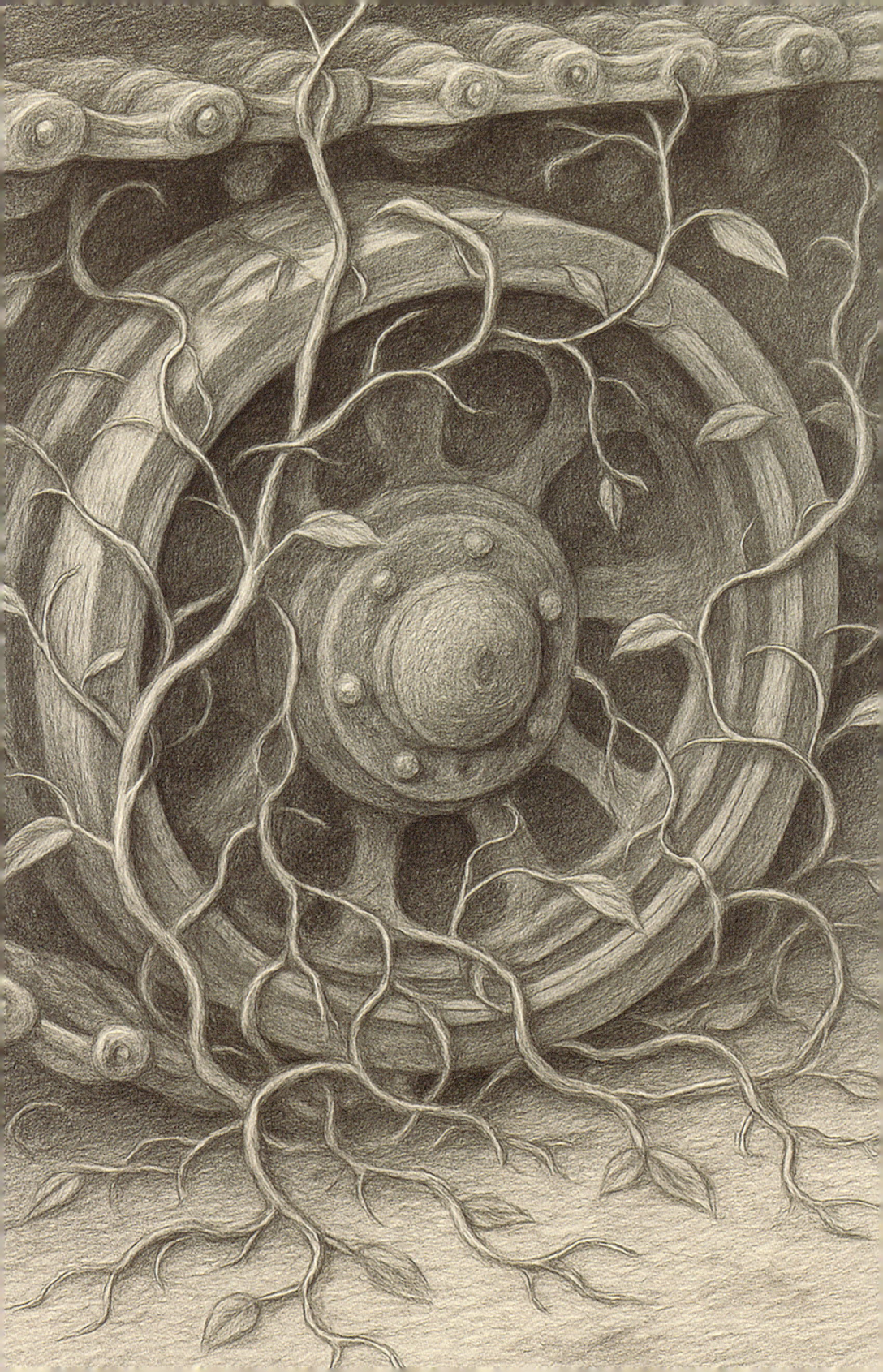

식이 캐피톨 연맹 병사들의 의식에 닿았다. 처음에는 단순한 두려움이었다. 그러나 그 두려움은 곧 설명하기 어려운 무거운 혼란으로 바뀌었다. 캐피톨 연맹 병사들은 눈앞 전장이 더 이상 현실처럼 느껴지지 않았다. 자신이 어디에 있는지도 혼란스러웠다. 전투하는 과정에서 쏟고 있던 모든 정신과 육체의 에너지가 방향을 잃고 일시에 흩어지는 느낌이었다. 그들의 머릿속에는 낯익은 기억들이 떠올랐다. 오래전에 잊었다고 여겼던 순간들, 어두운 꿈처럼 감추어 두었던 고통과 불안이 한꺼번에 밀려왔다. 이 기억들은 뚜렷하지도 않았고, 정확하지도 않았다. 그것은 마치 무엇인가가 그들의 마음 깊숙한 곳을 들추어, 가장 약한 부분을 건드린 것 같았다.

"우린 싸울 수 없어……"

캐피톨 연맹의 한 병사가 떨리는 목소리로 내뱉었다. 그 말은 마치 깨달음에 가까웠다. 가이아 연합 병사들은 단순히 총과 전차로 맞서 이길 상대가 아니었다. 현실인지 환영인지 알 수 없는 광경 앞에서, 그들은 무장을 내려놓고 싶어지는 충동에 휩싸였다. 서로의 얼굴도 낯설어 보였고, 자신의 이름마저 흐릿해졌다. 몇몇은 동료를 의심하며 움츠렸고, 전장의 질서는 빠르게 무너졌다.

마침내 그들은 이해했다. 이는 단순한 적이 아니었다. 자연이라는, 삶이라는, 자신들이 전혀 가늠할 수 없는 거대한 무엇이었다. 하나둘 무릎을 꿇으며, 병사들은 전투를 포기했다. 무장을 내려놓고 조용히 땅 위에 주저앉았다. 이 싸움은 자신들이 감당할 수 없는 것이었다. 그들은 침략자로 이곳에 왔지만, 이제 침묵 속에 머물렀다.

제 2 장 위대한 실험

제 1 절 브레이킹 던

나는 야생말 '까루'다. 이매진 빌리지에 살면서, 도심에서 농사를 짓는 도시농부로 일했다.

내가 태어나기 전, 이매진 빌리지에는 우리가 '큰선생님'이라고 부르는 브레이킹 던이라는 위대한 사상가이자 명상가가 있었다. 그는 원래 방드르디라는 이름의 산양인데, 이매진 빌리지의 여러 섬 중 하나인 스페란차 섬 출신이었다. 이후 이매진 빌리지로 와서 배달, 편의점, 건설 현장 일 등을 했다고 전해진다.

그는 그의 동료인 크루소, 스노볼, 그리고 던과 함께 이매진 빌리지의 작은 항구도시 '미추홀'에서 '스페란차'라는 이름의 농장 공동체를 열었다고 들었다. 그와 동료들이 만든 스페란차 공동체의 헌장은 지금 우리 이매진 빌리지의 헌법 기반이 되었다.

"제 1조 일체의 모든 것은 연결되어 있고, 그 자체로 참되고 평등하며, 늘 생성·변화의 과정에 있다. 모든 동물은 사람이고, 사람은 모두 벗이며, 평등하다."

"제 2조 낙타는 사자가 되어야 하고, 사자는 아이가 되어야 한다. 사자의 심장을 가진 아이가-늘 알아차리고 깨어있어야 한다".

"제 3조 참다운 나눔과 관용, 적당한 가난과 불편함, 그 속의 삶의 기쁨, 그것이 스페란차의 삶이다."

브레이킹 던은 거대한 쓰레기만을 만들어내는 자본주의로부터 탈출한, 우리 같은 평범한 사람들을 유목민과 같이 자유로운 영혼을 가진 무산자, 곧 "노마다리아트"라고 불렀다. 그가 전한 말을 따라 우리는 필요할 때만 일했다. 더 고급진 옷도, 더 비싼 탈 것도, 더 맛있는 먹을 것도, 더 좋은 집도 갈망하지 않았다.

우리는 더는 스스로를 노동력 상품으로 팔지 않았고, 노동시장에서 거래되는 것을 거부했고, 상품시장에서 소비자이기를 거부했다. 당시 이매진 빌리지의 권력자들은 이런 생각을 전하고 퍼뜨리는 그와 동료들을 반역자로 몰았다. 동료들은 죽임을 당했고, 그는 목숨을 부지하려고 도망다녀야 했다.

하지만 브레이킹 던의 사상은 '나폴레옹'이라는 돼지와 그 추종자들이 주도하던 이웃 유토피아 빌리지에 새로운 바람을 불러일으켰다. 유토피아 빌리지는 그

때 계획의 노예가 되어 있었다. 그 빌리지의 노마다리 아트들은 나폴레옹 일당을 몰아내고 본래 이름인 '그린 빌리지'를 되찾았다.

그 후 브레이킹 던은 그린 빌리지와 이매진 빌리지의 국경 근처에 '스페란차 공동체'를 다시 세웠다. 그리고 10년 동안 대륙 각 지역에서 온 동료들과 대화와 명상을 이어가며 새로운 질서를 실험했다.

제 2 절 위대한 실험

브레이킹 던과 그의 벗들이 한 실험은 "일체의 모든 것은 연결되어 있다"는 원리를 구현하는 것이었다.

브레이킹 던은 존재계 전체가 생명으로 충만한 '생명적 우주'이며, 이를 '일심一心'이라 부를 수 있다고 했다. 또한 '일심一心'의 공통되고 보편적인 원리는 '심진여心眞如'이고, 이 우주를 이루는 일체의 개별 존재는 '심생멸心生滅'이라고 설명했다. 생명적 우주와 개별 존재, 그리고 각각의 개별 존재들은 서로 깊게 연결되어 있는데, 이 관계와 연결성을 '문門'이라고 하였다. 그래서 존재계 전체에 내재한 연결 원리를 '심진여문心眞如門'이라 하고, 개별 존재와 존재계 전체의 연결성, 그리고 개별 존재들 사이의 연결성을 '심생멸문心生滅門'이라고 했다.

브레이킹 던에 따르면 '심진여문心眞如門'은 생명적 우주와 모든 존재의 공통된 상이자 원리적 측면을 가리킨다. 그가 말한 '진여眞如'란 "일체의 존재가 그 자체로 참되기 때문에 '진眞'이고, 평등하여 같기 때문에 여如"라고 한다. 즉 일체의 존재는 참되기 때문에 그 자체로 존귀하고, 그 관계는 평등하다는 것이다.

또한 개별 존재뿐 아니라 생명적 우주 자체도 끊임없이 생성·변화의 과정에 있으며, 그것이 '심생멸心生滅'의 의미라고 했다.

그러면서 이 생명적 우주에서 일체의 존재가 연결되어 있고, 그 자체로 참되고 평등하며, 생성·변화의 과정에 있다는 것을 있는 그대로 알아차리는 것을 '본각本覺', 곧 '본래 깨어 있음'이라고 했다.

이러한 내용을 담아, 던과 그의 벗들은 노래했다.

존재의 노래 (6)

일심이문一心二門

1절 일심一心, 한 마음

일심一心, 한 마음은
한 존재계일법계一法界라네.
모든 존재의 성품은 둘이 없으므로 '하나'이고,
이 하나는
본성상 스스로 신령하게 알아차리므로 성자신해性自神解
'마음'이라 이름한다네.

2절 이문二門: 두 가지 문

일심一心에 두 가지 문이 있으니
첫째는 심진여문心眞如門이고,
둘째는 심생멸문心生滅門이라 하네.
일체의 존재는 나지도 않고 멸하지도 않으며,
본래 고요하고 또 고요하여
오직 일심一心일 뿐이니,
이를 심진여문心眞如門이라고 한다네.
모든 존재는 일심을 스스로의 몸으로 삼으니
이를 '본각本覺'이라 한다네.

이 '본각本覺'이 무명無明을 따라 움직여
나고 멸하니
이를 심생멸문心生滅門이라고 하네.

3 절 텅 빈공空 충만불공不空

일심은 텅 빈 충만이라네.

진여문에는 텅 빔공空이 드러나 있네.
그러나 이 텅 빔공空역시
또 다시 비어 있으니공공空空
곧 충만불공不空이라네.

생멸문에는 충만불공不空이 드러나 있으니,
일체 존재는 연緣을 따라 생멸을 짓는다네.
그러나 일체 존재는 실체자성自性가 없으니
이를 텅 빔공空이라 하네.
이러한 텅 빔공空조차
텅 비어 있다는 성질공성空性이 없으니공공空空
그로 말미암아 일체 존재를 짓는다네.

존재의 노래 (7)

심진여문心眞如門

1 절 존재계는 일심一心이라네

존재계 전체는 곧 일심一心, 한 마음이며,
심진여心眞如가 의지하는 몸이라네.

심진여心眞如는 존재계 전체의 '길'이고,
이를 통해 삶의 순수한 평화와 기쁨으로 들어가므로
'문門'이라 한다네.

2 절 진여란 평등성이라네

심진여는 평등하고,
과거·현재·미래의 시간성을 멀리 떠나 있어
나지도 멸하지도 않는다네.

일체의 존재는 오직 헛된 관념으로 말미암아
차별이 있게 되는 것이니,
만약 헛된 관념을 떠나면
본래 평등하다네.

그 평등한 성품은 변하거나 달라지지 않고,
파괴할 수도 없으며
오직 일심─心일 뿐이어서,
'진여眞如'라고 이름한다네.

3절 진여眞如

일체 존재는 임시로 붙인 말을 떠나면
그 자체로 모두 참되기 때문에 '진眞'이라고 하고,
참된 것은 평등하여 같기 때문에 '여如'라 한다네.
말로는 설명할 수도, 생각할 수도 없으니
그저 '진여眞如'라 하네

4절 진여眞如의 텅 빔

진여眞如는 주관과 객관이라는
인식 구조에 의한
차별상을 떠나 있으니
이를 텅 빔空이라 한다네.

5절 진여眞如의 충만함

차별을 떠난 평등성인 심진여心眞如는
항상하여 변하지 않고,
있는 그대로의 평등함으로 충만하니,
이를 '불공不空'이라 한다네.

존재의 노래 (8)

심생멸문 心生滅門

심생멸 心生滅 은 때로 고요하고, 때로 움직인다네.
고요하여 맑고 깨끗한 상태를
여래장 如來藏 이라고 한다네.

이 고요하고 맑은 마음이
무명 無明 의 바람에 의하여 움직이니,
이를 '생멸심 生滅心 '이라 하네.

심생멸 心生滅 의 고요한 상태를
'불생멸심 不生滅心 '이라 하니,
무명 無明 의 바람으로 인해
불생멸심 不生滅心 이 움직여
생멸 生滅 의 모습을 일으키네.

불생멸심 不生滅心 이 생멸 生滅 과 더불어 화합하여
같은 것도 아니고 다른 것도 아닌 것을
'아라야식 阿黎耶識 '이라 하네.

불생멸심은 신령한 알아차림신해神解이니
마음의 스스로 신령하게 알아차리는 성품성자신해성自神解으로
존재계의 일체 존재가 '스스로 참된 모습'을 드러낸다네.

존재의 노래 (9)

본각本覺, 본래 깨어있음

심생멸心生滅의 고요하고 깨끗한 마음의 상태를
'본각本覺, 본래 깨어있음'이라 하네.

본각은 허공과도 같고, 거울과도 같으니
텅 비어 있으면서 일체의 존재를 있는 그대로 비춘다네.

본각은 일체의 존재와 있는 그대로 감응하고,
일체의 존재에 작용하여 온갖 변화를 일으키니,

스스로 신령하게 알아차리는 성품성자신해性自神解이라네.

이처럼 생명적 우주에서 모든 존재는 연결되어 있고, 그 자체로 참되고 평등하며, 생성 변화의 과정에 있다.

그럼에도, 우리는 왜 "나와 일체의 모든 존재가 분리되어 있다"고 여기고, "존재들 간의 차별과 우열을 당연하다"고 믿으며, "무언가 절대 불변의 실체가 있다"고 착각할까?

브레이킹 던은 이를 무명無明의 작용이라고 했다. 무명이 우리를 일체의 존재로부터 분리되어 있다고 여기게 만들고, 모든 존재 사이에 차별과 우열이 있다고 믿게 하며, 절대 불변의 실체가 있다는 착각 속에 빠뜨린다는 것이다. 그는 이를 불각不覺, 곧 '깨어있지 못한 상태'라 불렀다.

브레이킹 던에 따르면, 이 불각不覺의 상태는 네 가지의 단계를 거치며 점차 어둠이 깊어지고, 존재계 전체와의 단절이 심화된다.

던과 그의 벗들은 이 과정을 다음과 같이 노래했다.

존재의 노래 (10)

무명無明

'근본불각=근본무명根本無明'이란 무엇인가?

존재계와 일체 존재가
참되고진眞 평등하며여如 하나일一임을
있는 그대로 알지 못하는 것이라네.

'근본불각=근본무명根本無明'으로 인해
깨어나지 못한불각不覺 마음心이 일어나
생각念이 있게 된다네.

생각念은 스스로 실체가 없고
본각本覺을 떠나지 않는다네.

본각本覺에 의지하기 때문에 불각不覺이 있는 것이니,
만약 본각을 떠난다면 불각이라 할 만한 것도 없다네.
본각 또한 불각을 기다린다네.

다른 것을 기다려서 존재한다면
그것은 이미 자상自相이 아니니,
자상이 없는데
어찌 타상他相이 있겠는가?

존재의 노래 (11)

불각不覺

1 절 네 가지 모습

마음心의 성품은
본래 생멸하는 모습을 떠나 고요하지만,
무명無明이 있어
고요함을 떠나 움직여서,
생각念의 나고·머무르고·달라지고·멸하는
네 가지의 모습이 생겨난다네.

2 절 나는 모습生相생상

처음 생각念이 일어나는 모습生相생상이니,
무명無明에 의하여 생각이 움직이는 것을
"업상業相"이라 하고,
움직인 생각에 의해 주관이라는 관념이 생기니
"전상轉相=능견상能見相"이라 하고,
주관에 의하여 객관이라는 관념이 일어나니
이를 "현상現相=경계상境界相"이라 하네.

3 절 머무르는 모습주상住相

두 번째는 생각念의 머무르는 모습주상住相이니,
무명이 다시 주관-객관이라는 관념과 화합하여
"나아我"와 "나의 것아소我所"이라는
생각을 불러일으킨다네.

4 절 달라지는 모습이상異相

세 번째는 생각念의 달라지는 모습이상異相이니,
무명이 "나아我"와 "나의 것아소我所"이라는
관념과 화합하여
"탐욕·분노·어리석음·교만·의심·편견"을 일으킨다네.

5 절 멸하는 모습멸상滅相

네 번째는 생각念이 멸하는 모습멸상滅相이니,
무명이 탐욕, 분노, 어리석음 등의 관념과 화합하여
"살생·도둑질·간음" 같은 몸에 의한 업,
"거짓말·교묘하게 꾸미는 말·협박·이간질" 같은
입에 의한 업을 짓는다네.
이를 곧 몸과 입으로 짓는 일곱 가지 악업이라 하네.

탐욕·분노·어리석음의 감정과 악업의 뿌리에는 '나_{아我}'라는 자아관념과 '나의 것_{아소我所}'이라는 소유관념이 있으며, 그 깊은 심층에는 '주관과 객관'이라는 미묘한 분별이 감추어져 있다. 그렇다면. 이 불각_{不覺} 상태에서 어떻게 깨어나, '본래 깨어 있음', 곧 본각_{本覺} 상태를 회복할 수 있을까?

브레이킹 던은 이를 '불각에서 깨어나는 과정', 즉 시각_{始覺:비로소 깨어남}이라고 불렀다. 또한 불각의 네 가지 과정과 상응해서 시각_{始覺}에도 범부각_{凡夫覺}, 상사각_{相似覺}, 수분각_{隨分覺}, 구경각_{究竟覺}의 네 단계가 있다고 했다. 그는 이 네 단계를 '자기초극'이라고 불렀다.

던과 그의 벗들은 이 과정을 다음과 같이 노래했다.

존재의 노래 (12)

깨어있음각覺

'깨어있음각覺'이란
마음心이 헛된 생각을 떠난 상태라네.
마음이 헛된 생각을 떠나면
존재계가 오직 하나의 모습이니,
이를 여래의 평등한 법신法身이라 하네.

'하나의 상으로서의 존재계', 즉 법신法身을
두루 깨어서 비추는 성품을
'본래 깨어있음본각本覺'이라 하네.

마음心이 무명無明의 연緣에 의해
헛된 생각을 일으키면
이를 '깨어있지 못함불각不覺'이라 하고,

불각 상태에서 본각本覺의 상호작용하는 힘에 의하여
비로소 깨어나는 것을
'비로소 깨어남시각始覺'이라고 하네.

존재의 노래 (13)

비로소 깨어남시각始覺

1절 범부각凡夫覺, 범부의 깨어남

자기초극의 첫 단계는
'생각이 멸하는 모습멸상滅相'을 초극하는 것이네.
탐욕탐貪·성냄진瞋·어리석음치癡·자만만慢·의심의疑
·편견견見이라는 여섯 가지 관념을 그쳐
몸과 입으로 짓는 일곱 가지 악업을 멈춘다네.
이를 범부각凡夫覺이라 하네.

2절 상사각相似覺, 비슷한 깨어남

자기초극의 두 번째 단계는
'생각이 달라지는 모습이상異相'을 초극하는 것이네.
'나아我'가 없다무아無我는 사실을 분명히 알아,
탐욕·성냄·어리석음·자만·의심·편견의
여섯 관념을 넘어서는 것이니,
이를 상사각相似覺이라 하네.

3 절 수분각隨分覺, 부분적 깨어남

자기초극의 세 번째 단계는
'생각이 머무르는 모습주상住相'을 초극하는 것이네.
주관과 객관, 나와 남이라는 분별·집착이 헛되다라는
무분별의 깨달음에 의하여,
'내가 있다는 관념아치我癡',
'내가 어떤 것이라는 관념아견我見',
'나에 대한 집착의 관념아애我愛',
'나만을 중히 여기는 관념아만我慢'을 넘어서는 것이네.
이를 수분각隨分覺이라 하네.

4 절 구경각究竟覺, 온전한 깨어남

자기초극의 네 번째 단계는
'생각이 처음 나는 모습생상生相'을 초극하는 것이네.
일심一心의 근원으로 돌아가,
생각念이 마음心에서 비롯된 것이며,
오직 일심一心만이 있음을 깨달아,
주관과 객관, 나와 남이라는 분별과 집착을 넘어서네.
그리하여 항상 일심一心의
한결같이 평등한 자리에 머무르니,
이를 구경각究竟覺, 곧 온전한 깨어남이라 하네.

존재의 노래 (14)

오직 일심一心일 뿐

구경각의 자리에서
'여래如來,붓다,온전히 깨어난 자'는
생각念의 나고, 머무르고, 바뀌고, 사라지는
네 가지 모습이 본래 고요함을 알아차리네.
이를 '무념無念'이라 하네.

'뭇 생명'은 본래부터
생각에서 생각으로 이어져서
생각을 떠나지 못하였으니,
이를 시작이 없는 무명無明이라 한다네.

무념無念은 곧
무명無明의 잠에서 깨어난 것이니,
무념이 바로 '깨어남각覺'이라네.

'뭇 생명'이 무념을 본다면
곧바로 붓다의 지혜로 향하게 되네.

새로운 실험의 첫 단계는 "일체의 모든 것은 연결되어 있다"는 '일심이문一心二門'의 원리에 따라 브레이킹 던과 그의 벗들 사이에 의식을 연결하는 일이었다.

이 실험 과정에서 던과 그의 벗들은 상사각相似覺, 비슷한 깨어남의 단계에 이르러야 의식 연결이 가능하다는 사실을 깨달았다.

그리고 '오행五行'이라 부르는 다섯 가지 실천, 곧

보시報施, 나눔,
지계持戒, 자율,
인욕忍辱, 관용,
정진精進, 지속,
지관止觀, 명상과

본각本覺의 체득에 의해서 상사각相似覺에 이를 수 있음을 확인했다.

던과 그의 벗들은 노래했다.

존재의 노래 53

존재의 노래 (15)

다섯가지 실천_{오행五行}

1 절 어떻게 보시_{報施, 나눔}**를 실천하는가?**

만약 찾아와 구하는 사람을 보거든,
가진 재물을 힘닿는 대로 베풀어
스스로 인색하고 탐욕한 마음을 버리어
그 중생들을 기쁘게 하네.

재난을 만나 두려워하고 궁핍해진 사람을 보거든,
자기의 능력이 되는 대로 두려움을 없애준다네.

어떤 중생이 찾아와 진리를 구하면,
자기 아는대로 대화하되,
명예나 이익, 사람들의 공경을 탐하지 않고,
오직 자신과 타인을 함께 이롭게 하려는 마음으로
한다네.

2 절 어떻게 지계_{持戒, 자율}**를 실천하는가?**

살생하지 않고_{불살不殺},

도둑질하지 않고불도不盜,
음행하지 않으며불음不淫,
이간하는 말양설兩舌을 하지 않고,
나쁜 말악구惡口을 하지 않으며,
거짓말망언妄言하지 않고,
꾸미는 말기어綺語을 하지 않으며,
욕심과 시기탐질貪嫉,
속임수기사欺詐,
아첨첨곡諂曲,
성냄진에瞋恚과
삿된 견해사견邪見를
멀리 떠나는 것이네.

3 절 어떻게 인욕忍辱, 관용을 실천하는가?

타인의 괴롭힘을 참고,
마음에 보복할 것을 생각하지 않네.
이익이利과 손해쇠衰,
폄훼훼毀와 명예예譽,
칭찬칭稱과 비난기譏,
괴로움고苦과 즐거움락樂의
여덟 가지 바람을 견뎌야 한다네.

4 절 어떻게 정진精進, 지속을 실천하는가?

모든 선善한 일에 대하여
마음이 게으르거나 주저하지 않아야 한다네.
마음먹은 것을 굳세고 강하게 하여
약하고 두려운 마음을 버려야 한다네.

아득한 과거부터 헛되이 받은 몸과 마음이
모두 큰 괴로움이니
아무런 이익이 없음을 늘 생각하네.

이 때문에 모든 공덕을 부지런히 닦아
자리自利·이타利他하여
모든 고통을 서둘러 벗어나야 하네.

5 절 어떻게 지관止觀: 명상을 쌍으로 닦는가?

지止는 '사마타'이니,
진여문眞如門에 의하여
생각으로 만든 일체의 모습을 그치는 것이네.
생각으로 만든 바깥 경계의 모습을 그치면
분별할 대상이 없어지므로,
이를 '지止'라 하네.

분별할 대상이 없으면
곧 무분별지無分別智를 이루네.

관觀이란 '위빠사나'이니,
생멸문生滅門에 의하여
모든 바깥의 모습을 분별하여
모든 존재에 있는 진여眞如의 이치부터
헤아릴 수 없이 많은 세속의 인과에 대한 이치를
관觀한다네.
이는 무분별지 이후에 오는 분별의 지혜,
곧 후득지後得智를 이루는 것이네.

지止와 관觀을 어떻게 닦는가?
움직이거나 머무르거나, 눕거나 일어나거나,
어느 때든지 모두 응당
지止와 관觀을 함께 수행해야 한다네.

이 두 행行은 서로 뗄 수 없어서
새의 양 날개와 같고 수레의 두 바퀴와 같으니,
두 바퀴가 갖추어지지 않은 수레는
물건을 실어 나를 수 없고,
한 날개라도 없는 새가
어찌 허공을 날 수 있겠는가?

던과 그의 벗들은 본각本覺을 깊이 체득하고, 그 기초 위에 '육바라밀六波羅蜜'을 실천하면 수분각隨分覺에 이를 수 있음을 확인했다. 그렇게 되면 의식 연결이 한결 자연스러워지고, 필요할 때 의식을 연결할 수 있으며, 이미 연결된 의식을 극적으로 강화하는 일도 가능하다는 것을 깨달았다.

'육바라밀六波羅蜜'은 내용상으로는 오행五行, 곧 보시·지계·인욕·정진·지관과 다르지 않다. 하지만, 충분히 체득된 본각本覺에서 우러나오는 실천이므로 완전함·구극究極·최고의 상태를 뜻하는 '바라밀婆羅蜜'이라는 의미를 지닌다고 했다. 그래서

　　보시바라밀은 '참된 나눔'
　　지계바라밀은 '참된 자율'
　　인욕바라밀은 '참된 관용'
　　정진바라밀은 '참된 지속'
　　선정바라밀은 '참된 알아차림'
　　반야바라밀은 '참된 성찰'을 의미한다.

던과 그의 벗들은 노래했다.

존재의 노래 (16)

육바라밀六波羅蜜

있는 그대로 참되고 평등한
존재의 성품은
스스로 신령하게 알아차리고 있네.

존재의 성품에는
인색이나 탐욕이 없는 줄을 알기 때문에
그에 따라 보시바라밀報施波羅密을 실천하며,

존재의 성품은 물들음이 없어
온갖 욕망을 떠난 줄 알므로
그에 따라 지계바라밀持戒波羅密을 실천하며,

존재의 성품은 괴로움이 없어
성내거나 괴로워함을 떠난 줄 알기에
그에 따라 인욕바라밀忍辱波羅密을 실천하며,

존재의 성품은 몸과 마음의 모습이 없어
게으름을 떠난 줄 알기에
그에 따라 정진바라밀精進波羅密을 실천하며,

존재의 성품은 항상 안정되어
어지러움이 없는 줄 알기에
그에 따라 선정바라밀禪定波羅密을 실천하며,

존재의 성품은 본래 밝아
무명無明을 떠난 줄 알기에
그에 따라 반야바라밀般若波羅密을 실천한다네.

던과 그의 벗들은 의식 연결 실험을 과학적 가설과 검증 방식으로도 진행했다. 그들은 '오행五行'과 '육바라밀'의 실천이 뇌신경계와 장신경계를 포함한 심장·척수·내분비기관 등 몸 전체의 공감능력 관련 신경계를 활성화한다는 사실을 확인했다.

우선 '오행'과 '육바라밀'의 실천이 뇌 영역 중 타인의 관점과 감정을 이해하는 내측 전전두피질Medial Prefrontal Cortex, MPFC과 거울 뉴런 시스템, 타인의 신체·정서 상태를 자신의 것으로 체험하게 하는 섬피질Insular Cortex, 타인의 고통을 인식하고 공감적 반응을 유도하는 전측 대상피질Anterior Cingulate Cortex, ACC 등을 활성화한다는 점이 드러났다. 뇌파 중 감마파gamma waves가 증가하면서 타인과의 공감적 의식과 집단적 연결감이 더욱 강화되는 것도 확인했다.

뿐만 아니라, 이런 실천은 내장신경계에도 작용했다. 장-뇌축Gut-Brain Axis을 통해 내장신경계와 중추신경계를 연결하는 미주신경Vagus Nerve이 활성화되어 타인의 고통에 더 강하게 공감할 수 있었다.
또한 장내 미생물군Gut Microbiota을 조절해 스트레스 호르몬을 줄이고, 장내 환경을 안정시켜 공감과 정서적 안정을 담당하는 세로토닌Serotonin과 도파민Dopamine

의 생성을 촉진하는 효과가 확인되었다.

 이와 더불어 척수에 의한 신경 신호 전달 경로가 강화되어 타인의 감정적 신호를 더 빨리 인식할 수 있었다. 심장의 자율신경계를 안정화하고 미주신경을 활성화해 심박수 변이성Heart Rate Variability, HRV을 높였고, 그 결과 심장이 감정적 연결에 민감해져 타인의 감정을 더욱 깊이 반영하게 되었다. 내분비기관의 신경도 활발해져 옥시토신 호르몬 분비가 늘어났고, 타인과의 감정적 연결이 한층 깊어졌다.

 무엇보다 이런 변화는 '오행五行'을 넘어 본각本覺을 깊이 체득한 상태에서 실천하는 '육바라밀'단계에서 극적으로 강화되었다. 이 덕분에 던과 그의 벗들은 '일심이문一心二門'의 원리를 토대로 서로간에 의식을 연결하는 실험을 성공적으로 마무리 할 수 있었다.

 그들은 다음 단계로 곤충 친구들과의 의식 연결을 시도했다. 첫 대상은 집단 지성을 지닌 개미였다. 개미의 뇌는 작지만 촉각 신경과 더듬이, 페로몬 신호를 감지·해석하는 후각 수용체 등을 통해 먹이 찾기·둥지 건설·방어·쓰레기 관리 등에서 놀라운 집단지성을 발휘한다.

존재의 노래　63

던과 동료들은 개미 집단이 사용하는 페로몬 흐름에 자신들의 연결된 의식을 동기화하고, 그 네트워크에 녹아들어 집단지성의 일부가 되었다. 이 방식은 벌·흰개미·메뚜기 등 다른 사회적 곤충과의 의식 연결에도 성공적으로 적용되었다.

가장 결정적인 진전은 "균근 네트워크Mycorrhizal Network"를 통해 스페란차 공동체 전체 생태계와 연결된 것이었다. 균근 네트워크는 특정 곰팡이가 식물 뿌리와 결합해 땅속 거대한 구조를 이루는 공생 관계다. 이 네트워크는 식물들 사이의 물질·신호·정보 교환을 가능케 해 생태계 전반의 균형을 유지하는 놀라운 역할을 한다.

구체적으로 곰팡이는 토양에서 물과 무기질, 특히 인·질소를 흡수해 식물에게 제공하고, 식물은 광합성으로 만든 탄소 화합물을 곰팡이에 공급한다. 한 식물이 곤충으로부터 공격을 받으면, 화학 신호를 통해 이 정보를 주변 식물들에게 전달하여 방어 물질을 미리 준비하게 한다.

또한 네트워크를 통해 물이 부족한 식물에게 물을 전달하여 가뭄 등 극단적인 환경 조건에서 생존을 돕거나, 노령 나무가 광합성을 통해 얻은 탄소를 균근 네트워크를 통해 어린 나무에게 공급하기도 한다. 다양한 종의 식물이 균근 네트워크로 연결되어 상호 의존적인 생태계를 유지하는 것이다.

던과 동료들은 개미·벌 등 사회적 곤충의 집단지성과 연결한 의식을 통해 이러한 네트워크의 놀라운 실체를 파악했다. 그리고 자신들의 연결된 의식을 균근 네트워크의 화학 신호 흐름에 맞춰 뿌리에서 뿌리로, 나무에서 나무로, 풀에서 풀로, 덩굴에서 덩굴로, 숲 전체로 확장시켰다.

대지 아래 얽힌 균사hyphae는 식물 뿌리와 연결되어 생명의 모세혈관처럼 정보와 에너지를 나눴다. 나무는 뿌리를 통해 전기 신호electrical signaling를 균사로 전송했고, 곰팡이는 이를 해석해 물과 영양분을 다른 나무들에게 배분했다.

던과 그의 벗들은 이 과정이 인간 신경계와 유사함을 깨달았다. 숲 전체가 하나의 신경 네트워크neural network처럼 움직였고, 던과 그의 벗들은 균근 네트워크와 연결된 의식으로 스페란차 공동체의 생태계 전체와 동조하며 의식을 공유했다.

존재의 노래 65

이와 같은 연결은 물질과 마음, 그리고 알아차림이 다르지 않다는 깊은 통찰에 기초한 것이었다.

던과 그의 벗들은 노래했다.

존재의 노래 (17)

삶은 앎이요, 앎은 삶이라네

물질색色과 마음심心은 둘이 아니라네.

물질의 성품이 곧 앎이요,
앎의 성품이 곧 물질이라네.

모든 물질을 꺾고 쪼개어
지극히 미세한 것에까지 이르게 하여도
영구히 얻을 수 있는 바가 없네.

마음을 떠난 바깥에는
생각할 만한 형상상相이 없기 때문에
물질색色, 소리성聲, 향기향香,
맛미味, 감촉촉觸, 개념법法의
여섯 티끌이 끝내 무념無念이라네.

중생이 무명無明으로 혼미하여
마음심心을 일러 생각념念이라 부르지만,
움직이는 생각을 찾아도
이미 사라졌거나

아직 생기지 않은 것이며,
중간에 머무는 바도 없네.
머무는 바가 없으니
곧 일어남도 없고,
마음心의 성품은
실로 움직이지 않는다네.

이처럼 보아서
마음心이 무념無念인 줄 알면
곧 진여문眞如門에 들어가게 된다네.

던과 그의 벗들이 균근 네트워크를 통해 스페란차 공동체 전체 생태계와 의식을 공유한 해는 훗날 가이아력(曆) 1년으로 불리게 되었다. 그 해는 브레이킹 던이 그린 빌리지와 이매진 빌리지 국경에 스페란차 공동체를 세운 지 8년째 되던 해였다. 그 뒤 2년 동안 던과 동료들은 스페란차 공동체 내 의식 연결과 공유를 더욱 공고히 했다.

가이아력 3년, 당시 스페란차 공동체를 구성하던 약 500명의 벗들 중 300명 가량이 직접 체험하고 실험한 새로운 소식을 전하기 위해 스페란차 공동체를 떠났다. 던 또한 그 무리에 함께 했다.

제 3 장 거대한 전환

제 1 절 가이아력 34년 봄 어느 날

아침 햇살이 빌딩 사이를 비집고 들어오면서, 회색 도시 골목을 부드럽게 물들였다. 나는 한때 이매진 빌리지 수도의 거대 아파트 단지 지상 주차장이었지만, 지금은 작은 밭이 된 내 일터 가장자리에 반가부좌를 틀고 앉았다.

텃밭 구석에선 겨울을 견딘 배추가 꽃대를 올리고 있었다. 가느다란 줄기 끝에 피어난 노란 꽃잎이 햇빛을 받아 반짝였고, 벌 한 마리가 어디선가 날아와 꽃 위를 맴돌았다. 지난가을 다 뽑히지 않은 갓과 무청도 꽃대를 세워 노랗고 하얀 물결을 만들었고, 그 아래에선 냉이가 작은 꽃망울을 터뜨렸다.

텃밭 한편에서는 싱그러운 부추가 길고 가느다란 잎을 펼치고 있었다. 손끝으로 살짝 문지르면 특유의 알싸한 향이 퍼졌다. 옆에는 겨울을 견딘 쪽파가 파릇한 새잎을 밀어 올리고 있었다. 쑥갓은 겨울 동안 자라난 잎을 촘촘하게 펼쳐놓았고, 새로 심은 상추와 치커리는 아직 앳된 잎을 달고 있었다. 조금 더 따뜻해지면 화

려한 붉은 빛을 머금은 적상추가 텃밭의 한편을 물들일 것이다. 구석진 곳에서는 마늘이 뾰족한 잎을 밀어 올리고 있었고, 곧이어 함께 심어진 양파도 둥글고 단단한 몸을 키우기 시작할 터였다. 햇볕이 잘 드는 가장자리에는 갓 심은 고수의 연한 싹이 나와 있었고, 지난 여름부터 키워 온 로즈마리와 타임, 애플민트 같은 허브들도 다시 생기를 되찾고 있었다. 딸기 모종에서는 작은 꽃이 피어나기 시작했고, 앞으로 몇 달만 지나면 작고 붉은 열매들이 달릴 것이었다.

나는 어머니한테서 배운 지관쌍운止觀雙運 명상을 시작했다.

먼저 사마타삼매 명상을 시작했다. 어머니에 의하면 사마타삼매三昧는 '지止'라고 하는데, '지止'는 멈춘다는 의미라고 했다. 어머니가 가르쳐 주신 대로 마음을 모아 "오직 모를뿐Only don't know"이라 되뇌이며 아랫배에 의식을 집중했다. 그리고 아홉 단계의 마음이 머무는 과정을 거쳐 '진여삼매眞如三昧'에 이르렀다.

존재의 노래 (18)

지止 사마타, 삼매

첫 번째 단계는 마음이 안에 머무는 상태니
이를 내주심內住心이라 하네.
마음 바깥의 일체의 인연으로 만들어진 경계를 떠나
마음을 거두어 안에다 매어 두어
밖으로 산란하지 않게 한다네.

두 번째 단계는 마음이 안에 계속 머무르는 상태니
이를 등주심等住心이라고 하네.
처음으로 안에 매어 둔 마음은
그 본성이 여전히 거칠게 움직여
아직 가지런히 머무르게 하기 어렵다네.
이에 마음 집중을 이어지게 하고
맑게 하는 방편 오직 모를 뿐으로
거친 생각을 꺾어 미세하게 하여
거두어 들여서 머무르게 하는 것이네.

세 번째 단계는 마음이 안에서 평안하게 머무르는 상태니
이를 안주심安住心이라 하네.
마음心이 비록 돌아와 내주內住·등주等住 하였으나

다시 놓쳐 바깥으로 산란하게 된 것을,
다시금 되돌려 거두어 안에 편하게 두어
바깥 경계를 잊어서 고요해지는 것이라네.

네 번째 단계는 마음이 멀리 떠나지 않는 상태니
이를 근주심近住心이라 하네.
안주심安住心을 닦아 익히는 힘에 의지하여
자주 의식적으로 그 마음을 안으로 머무르게 하고,
멀리 떠나지 않도록 하는 거라네.

다섯 번째 단계는 마음이 고르고 순해진 상태니
이를 조순調順이라고 하네.
생각이 만들어낸 갖가지 모습상相이
마음을 흐트러지게 하니,
소위 색·성·향·미·촉의 다섯 티끌오진五塵과
탐욕·분노·어리석음의 세 가지 독삼독三毒과
남녀 등의 온갖 상相이라네.
그러므로 응당 이 모든 상相들을
그저 지나가는 생각으로 여겨,
이 생각들을 꺾고 묶어 흩어지지 않게 한다네.

여섯 번째 단계는 마음이 고요해진 상태니
이를 적정寂靜이라고 하네.

갖가지 욕망과 탐욕과 어리석음의 거친 생각들에
마음이 흐트러지지 않는다네.

일곱 번째 단계는 지극히 고요한 마음이니
이를 최극적정最極寂靜이라고 하네.
적정寂靜의 마음을 놓침으로 해서
곧 거친 생각과 번뇌가 잠시 움직여 일어나지만,
이를 받아들이지 않고
곧 거두어 와서 바른 생각에 머물게 한다네.
바른 생각이란
"오직 마음 뿐유심唯心"이니
바깥 경계가 실체 없음을 아는 것이요,
이 마음조차
그 자체의 상이 없어서
생각 생각마다 얻을 수 있는 것이 없음을 아는 것이라네.

여덟 번째 단계는 오로지 한 가지 방편에 머무르는 단계니
전주일취專住一趣라 하네.
앉고 일어서고, 가고 오고
나아가거나 멈출 때,
항상 방편오직 모를 뿐을 생각하고
방편을 따라 관찰하니,
삼매가 틈이 없고 간격이 없이
계속하여 머무른다네.

아홉 번째 단계는 평등하게 지속하는 단계니
등지等持라 하네.
힘을 쓰지 않고도
가라앉거나 들뜨는 마음을 멀리 떠나,
자연스레 머무른다네.

이 등지等持의 마음이
진여眞如의 상相에 머무르니
점점 예리해져서
차츰 진여삼매眞如三昧에 들어가게 되네.

이 때 손과 발의 사지四肢와 몸체가
움찔움찔 움직임을 느낄 것이니,
그 몸이 구름과 같고 그림자와 같아서
있는 듯도 하고 없는 듯도 함을 느끼되,
부드러운 힘이 혹은 위로부터 나오고
혹은 아래로부터 나오며
혹은 옆구리로부터 나와
은미하게 몸에 두루 한다네.

진여삼매에 의지하기 때문에
곧 존재계가 하나의 상相인 것을 안다네.
모든 붓다의 법신法身이

중생의 몸과
더불어 평등平等하여
둘이 아니니,
이를 일행삼매一行三昧라고 한다네.

이처럼 사마타지止를 얻은 후에야
능히 위빠사나관觀를 닦고 익힐 수 있다네.

진여삼매가 깊어지자, 기쁨과 편안함, 그리고 맑음의 느낌만이 자리했다. 그것이 더 깊어지자 기쁨도 사라지고 편안함과 맑음의 느낌만 남았다. 명상의 한층 깊은 상태에 이르자 편안함조차 사라지고 오직 맑음 속에 머물렀다. 그 맑음은 '순수한 알아차림'이었고, 어머니는 그것이 다름아닌 본각本覺, 본래 깨어있음이라 했다.

나는 본각 상태에 한참 머무르다 생각을 일으켜 위빠사나觀 명상에 들었다.

위빠사나의 첫 번째 단계는 바르게 생각하여 판단하는 상태인 정사택正思擇이다. 이는 인연이 되는 경계가 반드시 다함이 있는 성질인 진소유성盡所有性을 지녔음을 바르게 생각하여 판단하는 것이다. 즉 '일체의 모든 것은 생성·변화의 과정에 있다'는 '심생멸문心生滅門'의 진리를 성찰하는 것이었다.

나는 숨을 들이쉬고 내쉬는 과정, 나의 몸의 감각이 변하는 과정을 알아차렸다. 봄 기운이 깃드는 텃밭과 사라져 가는 겨울 기운, 그 안에서 살아가는 식물 친구들, 쇠똥구리·개미·거미·나비 등 곤충 친구들, 그리고 눈에 보이지 않지만 땅속을 움직이는 지렁이 친구들의 삶과 죽음을 통해 '심생멸문心生滅門'의 진리를 이해했다.

두 번째 단계는 가장 지극하게 생각하여 판단하는 상태인 최극사택最極思擇이다. 이는 인연이 되는 경계가 있는 그대로 평등한 진여의 성품인 여소유성如所有性을 지니고 있음을 가장 지극하게 생각하여 판단하는 것이다. 즉 "일체의 모든 것은 연결되어 있다"는 '일심이문一心二門'의 진리, 그리고 "일체의 모든것은 그 자체로 참되고 평등하다"는 '심진여문心眞如門'의 진리를 깊이 성찰하는 것이었다.

나는 나의 순수한 알아차림, 즉 본각 상태와 텃밭에 깃든 모든 생명의 순수한 알아차림이 서로 공명하며 의식이 연결되는 것을 느꼈다.

세 번째 단계는 빠짐없이 두루 생각하는 상태인 주편심사周偏尋思다. 이는 인연이 되는 경계를 대할 때, 혜慧:위빠사나에 기초해서 행함에 있어 분별分別하고 생각을 일으켜, 그 모습과 상태를 전체적으로 두루 관찰하는 것이다.

나는 텃밭에 살고 있는 모든 생명들과 의식이 연결된 상태에서 이 텃밭과 그들의 상황을 이해하고 무엇이 필요한지를 전체적으로 판단할 수 있었다.

네 번째 단계는 빠짐없이 두루 세밀하게 분별하고 살피는 상태인 주편사찰周徧伺察이다. 이는 인연이 되는 경계를 대할 때 혜慧:위빠사나에 기초해서 행함에 있어 분별分別하고 생각을 일으켜, 그 모습과 상태를 자세하게 조사하고 추구하여 빠짐없이 두루 세밀하게 분별하고 살피는 것을 말한다.

이는 앞선 정사택正思擇과 최극사택最極思擇, 주편심사周徧尋思에 기초해 실천을 위해 현실과 상황의 구체성을 면밀히 사유하고, 분별하여 살피는 것이다.

나는 텃밭과 그 안의 모든 생명들에게 지금 필요한 것이 무엇인지를 세밀하게 살피고, 그를 위한 구체적인 행동들에 대해 생각했다.

이윽고 명상에서 깨어나 조심스럽게 해야 할 일들을 했고, 모든 일은 오전 중에 마무리할 수 있었다.

존재의 노래 (19)

관觀 위빠사나 수행

'관觀 위빠사나'이란
내심의 삼매에 의지하여 생각을 일으키는 것이네.
바르게 생각하여 판단정사택正思擇하고,
가장 지극하게 생각하여 판단최극사택最極思擇하며,
빠짐없이 두루 생각주편심사周徧尋思하고,
빠짐없이 두루 세밀하게 분별하고 살피는 것
주편사찰周徧伺察이라네.

바르게 생각하여 판단정사택正思擇하는 것이란,
인연이 되는 경계에 대해
반드시 다함이 있는 성질을 지니고 있다고
바르게 생각하여 판단하는 것이네.

가장 지극하게 생각하여 판단최극사택最極思擇하는 것이란,
인연이 되는 경계가
있는 그대로 평등한 진여의 성품을
지니고 있다고
가장 지극하게 생각하여 판단하는 것이라네.

빠짐없이 두루 생각
주편심사周偏尋思하는 것이란,
인연이 되는 경계에 대하여
행함에 있어
분별分別하고 생각을 일으킬 때
그 모습과 상태를 빠짐없이 두루
전체적으로 생각하는 것이네.

빠짐없이 두루 세밀하게 분별하고 살피는
주편사찰周偏伺察 것이란
인연이 되는 경계에 대하여
행함에 있어
분별分別하고 생각을 일으킬 때
그 모습과 상태를 자세하게 조사하고 추구하여
빠짐없이 두루 세밀하게
분별하고 살피는 것이라네.

그 날 오후, 한 달에 한 번 열리는 마을 회의에 참석했다. 마을 인구 3,000여 명 중, 마을을 떠나 있는 사람을 제외하면 거의 모두가 참석했다. 회의장은 한 때 거대 아파트 단지의 커뮤니티 센터가 있던 자리가 무너진 후 자연스럽게 생긴 공터로, 지금은 널찍한 광장이 되었다. 해가 저물어가며, 광장이 황금빛으로 물들었다. 거대한 나무들이 광장을 둘러싸고, 잎사귀 사이로 바람이 스쳤다.

사람들은 둥글게 모여 앉아 작은 목소리로 이야기를 나누다가, 대부분이 모이자 그 소리마저 잦아들었다. 이어 마을 주민들은 함께 지관쌍운止觀雙運 명상에 들어가 순수 알아차림 상태에서 서로의 의식을 연결했다.

그들은 연결된 의식을 통해 오늘의 회의 주제인 기후붕괴 2단계의 현실화 상황을 공유했다. 이 정보는 행성 곳곳의 균근네트워크를 통해 전달된 것이었다.

3개월마다 돌아가며 선출되는 10명의 '전달자' 중 한 명인 아르준이 발언을 시작했다.
"현재 지구의 평균 기온은 2.63도 상승한 상태예요. 북극의 빙하는 이미 절반이 녹아, 해수면 상승이 기존 예측 모델보다 빠릅니다. 이달 초 런던도 침수되어 사라졌습니다. 우리 가이아 연합 밖, 캐피톨 연맹 산하 국가들과 다른 독립 국가들의 주요 도시가 태풍과 홍수, 산불에 의해 막대한 피해를 보고 있습니다. 내륙 국가와 도시도 예측 모델에 비해 30% 정도 빠른 사막화가 진행되고 있습니다.

이로 인해 이달 가이아 연합에 유입된 기후 난민의 수가 110만 여 명이고, 우리 에코 빌리지에는 그 중 32만명 정도가 들어왔습니다. 그리고 우리 마을에도 어제 81명의 난민이 들어와서 현재 난민 센터에서 구호 중입니다."

또 다른 전달자인 미레유가 말을 이었다.

"우리 마을의 식량생산은 215곳의 밭과 논에서 이루어지고 있어요. 마을을 둘러싼 숲은 예측 모델보다 23% 빠른 속도로 성장 중입니다. 우리는 빗물 저장 시스템을 2개 더 설치하고, 노후된 설비도 수리했어요. 마을 중앙의 호수와 주변 습지를 확장하고, 박테리아·곰팡이·진균 등 미생물 친구들과 갈대·부들·물옥잠 같은 식물 친구들의 도움을 받아 정화 시스템도 한층 늘렸습니다."

이처럼 마을과 가이아 연합, 그리고 지구 행성의 현안을 둘러싼 여러 발언이 이어졌다. 마을 사람들은 사마타 명상을 통한 순수 알아차림 상태에서 위빠사나 명상을 병행하며, 각 안건을 깊이 성찰했고, 그 성찰한 내용들을 연결된 의식과 토론을 통해 공유했다.

회의 말미에 우리는 새로운 10명의 전달자를 선정하고 회의를 마쳤다.

제 2 절 거대한 전환

'아유타'라는 이름을 가진 나의 어머니는 이매진 빌리지 수도 외곽에 살던 비정규직 노동자였다. 가이아력 10년, 그녀가 열아홉이던 어느 여름 늙은 산양 '르디'를 만났다. 어머니는 르디로부터 스페란차섬 산양 종족과 방드르디 및 로빈슨 크루소 이야기, 미추홀에 있던 스페란차 농장, 던 아주머니와 스노볼의 이야기, 그리고 국경에 있던 스페란차 공동체 이야기를 전해 들었다. 르디 노인은 어머니와 어머니의 동료들에게 "존재의 노래 21송"과 "5행·6바라밀" 실천 방법을 가르쳐 주었다.

어머니와 동료들은 균근 네트워크로 연결한 의식을 통해 곧 지구 전역에서 기후 붕괴가 현실화하리라는 사실을 알게 되었다. 그들은 소비 시장과 노동력 시장으로부터 탈주를 결심하고, 새로운 생명 공동체를 만들었다.

가이아력 13년
어머니와 동료들의 생명 공동체, 일명 '던의 벗들'은 500여 명에 이르렀다. 그들 중 150여 명이 다른 공동체를 만들기 위해 떠났고, 어머니도 그 중 한 명이었다.

가이아력 15년

이매진 빌리지내 '던의 벗들' 공동체는 1,000여 개에 이르렀다. 곳곳에서 소비 시장과 노동력 시장은 붕괴되었고, 제조업시장과 유통 시장, 금융 시장도 붕괴되었다.

가이아력 18년

그린 빌리지는 스페란차 공동체 헌장에 기초한 헌법을 채택하고, 생명 공동체를 기반으로 한 새로운 공화국을 선포했다.

가이아력 21년

지구 평균기온이 2도 상승해 기후 붕괴 1단계가 시작되었다. 태풍과 홍수, 산불 같은 재난이 일상화되었다. 지구의 평균기온이 2.5도로 상승하는 기후 붕괴 2단계는 5년 후, 3도로 상승하는 3단계는 10년 후로 예측되었다.

가이아력 23년

이매진 빌리지 내에 3,000여 개에 달하는 '던의 벗들' 공동체를 무너뜨리려는 계엄이 선포되었다. 군대가 투입되었으나, 계엄군은 '던의 벗들' 공동체 공격을 거부했다. 결국 국민투표가 실시되었다.

가이아력 24년

이매진 빌리지는 '에코 빌리지'로 이름을 바꾸고, 스페란차헌장에 기초한 헌법을 채택하며 생명 공동체에 기반한 새로운 공화국을 선포했다.

가이아력 26년

그린 빌리지와 에코 빌리지 주변 옐로우 빌리지와 화이트 빌리지에서는 혁명을 통해 구체제를 무너뜨린 후, 스페란차 헌장에 기초한 헌법을 채택하고 생명 공동체 기반의 공화국을 잇따라 선포했다.

가이아력 27년

그린 빌리지와 에코 빌리지, 옐로우 빌리지, 화이트 빌리지가 서로 연합하여 '가이아 연합'을 형성했다.

가이아력 30년

가이아 연합에 의해 지연되어 오던 기후 붕괴 2단계가 시작되었다.

제 4 장 행성 가이아

제 1 절 전쟁의 시작

가이아력 40년

기후 붕괴 3단계가 시작되었다. 모든 생명체간 의식 연결과 균근 네트워크를 기반으로 한 생명 공동체를 형성하지 않은 지역들에서 결정적인 붕괴가 일어났다.

특히 3단계 기후 붕괴는 여전히 경제 성장을 유일한 교리로 삼던 캐피톨 연맹 소속 국가들을 회복 불가능한 상황으로 몰아넣었다. 그들은 과학기술 발전이 기후 붕괴를 막아 줄 거라 믿었고, 1·2단계 기후 붕괴로 타격 받은 국가 및 빌리지 들의 자원을 흡수해 낮은 임금 기반의 노동력 시장을 활용하며 경제 성장을 이어가고 있었다.

가이아력 41년

캐피톨 연맹이 가이아 연합에 전쟁을 선포했다. 그들은 '자유 시장경제야말로 인간이 고안한 가장 이상적이고 정의로운 시스템'이라 주장하며, 가이아 연합이 이 자유로운 거래·경쟁 체제를 무너뜨리는 악의 축이므로 자유를 되찾아야 한다고 역설했다.

한편 가이아 연합은 균근 네트워크를 통해 캐피톨

연맹의 전쟁 준비를 이미 2년 전부터 감지했다. 각 빌리지 전달자 대표들의 회의와 빌리지별 의식 연결을 통해 전략을 세웠다. 가이아 연합의 20~40세 인원은 전투에 직접 참여했고, 징집 대상이 아닌 사람도 역할을 부여받았다.

나 역시 가이아 연합 제2 전투군단에 배속되었다.

제 2 절 3년 전쟁

가이아력 41년
캐피톨 연맹은 연맹과 인접한 가이아 연합의 옐로우 빌리지·화이트 빌리지를 침공했다. 그러나 그들이 맞닥뜨린 것은 예상했던 전투가 아니라 거대 늪·혹독한 겨울·광활한 사막이었다. 두 빌리지 주민과 생명체들은 이미 그린 빌리지·에코 빌리지 국경쪽으로 이주했고, 가이아 연합 전투부대는 캐피톨 연맹의 보급로를 철저히 차단하는 전략으로 일관했다.

가이아력 42년
캐피톨 연맹은 전력의 절반 정도를 잃은 채, 그린 빌리지와 에코 빌리지로 진격했다. 그곳에서 마주한 것은 거대한 숲과 숲의 생명체들, 그리고 공포스러운 의식 공격이었다.

가이아력 43년

캐피톨 연맹 전력은 거의 소멸 위기에 이르렀다. 연맹 각 국가에서는 주전파 대신 화평파가 권력을 잡거나, 내부 혁명이 일어났다. 마침내 캐피톨 연맹과 가이아 연합은 평화조약을 맺어 전쟁을 끝냈다.

제 3 절 행성 가이아

이제 우리의 행성은 "가이아"라 불린다. 종전 후 10년이 지난 지금, 가이아의 평균기온은 2.6도 상승 수준으로 내려갔고 행성은 서서히 회복중이다. 우리에게는 아직 희망이 있다.

존재의 노래 (20)

크나 큰 진여眞如

진여眞如는 세 가지로 크다네.

첫째, 그 몸체體이 크니,
일체의 존재가 진여眞如로서 평등하여
늘거나 줄어드는 일이 없다네.

둘째는 그 모습상相이 크니,
본래부터 성품에 스스로
온갖 공덕을 가득 채우고 있다네.

셋째는 그 작용용用이 크니,
자비와 지혜의 큰 방편으로
일체의 뭇 생명과 함께한다네.

존재의 노래 (21)

대승大乘

대승大乘이란 '뭇 생명-마음중생심衆生心'이라네.

크다大는 것은 무엇인가.
그 몸체體이 크니,
일체의 존재는 진여眞如로서 평등平等하여
늘거나 줄어들지 않는다네.
그 모습상相이 크니,
본성에 일체의 공덕을 갖추고 있네.
그 작용용用이 크니,
일체의 좋은 인과因果를 낳는다네.

탄다乘는 것은 무엇인가.
온전히 깨어난 자가 본래 타는 것.
깨어난 중생들이 이를 타고
온전히 깨어난 자가 되네.

뭇 생명이 평등한 세상

믿음이란 결단을 내리는 것이네.
무엇을 결단하는가?
모든 생명체가 평등한 세상이 존재함을.
모든 생명체가 본성으로 지닌 능력으로, 평등한 세상을
이룰 수 있음을.
그 평등한 세상에서 무궁한 덕의 작용이 펼쳐짐을.

제 2 부 존재의 노래

제 1 장 뭇 생명의 마음이여

> 이 장은 원효가 대승기신론과 소·별기 전체를 아우르며 서문처럼 쓴 내용이다. 아름다운 시적 정취가 살아 있으며, 노자와 장자의 언어가 깊게 배어 있다. 원래 이 장의 주어는 '대승大乘'이지만, 제3권 제5장에서 "대승大乘이란 중생심衆生心이다"라는 뜻에 따라, 여기서는 '중생심衆生心'을 주어로 삼았다. 또한 '중생심衆生心'을 '뭇무리 중衆 생명생생의 마음심心'이라 풀었다.

제 1 절 뭇 생명의 마음이여 중생심衆生心 1)

뭇 생명의 마음은 텅 비어 고요하고,
맑고 깊어서 그윽하네.

그윽하고 또 그윽하나
어찌 온갖 사물의 모습을 벗어났겠으며,
고요하고 또 고요하나
오히려 온갖 말 속에 있다네.

온갖 사물의 모습을 벗어나지 않았으나
그 몸을 볼 수 없고,

---
1) 제3권 제1장 [소 00-01]

온갖 말 속에 있으나
그 모양을 말할 수 없다네.

크다고 말하자니
안이 없을 정도로 작은 곳에 들어가고도
남음이 없고,
작다고 말하자니
바깥 경계가 없을 정도로 큰 것을 감싸고도
오히려 남음이 있다네.

있다고 말해 보지만
한결같이 작용하면서도 비어 있고,
없다고 말해 보지만
만물이 이것을 타고 생겨난다네.

이것을 무엇이라고 말해야 할지 몰라
굳이 이름하여
'뭇 생명의 마음'이라고 하네.

제 2 절 사사로움이 없는 지극한 공평함
무사지공無私至公 2)

뭇 생명의 마음이여.

텅 비어 밝으니 큰 허공과 같아서
사사로움이 없구나.
넓고 크니 큰 바다와 같아서
지극히 공평하구나.

지극히 공평하기 때문에
움직임과 고요함이 서로 따라 이루어지고,
사사로움이 없기 때문에
물들음과 맑음이 융합되도다.

물들음과 맑음이 융합되므로
평등하고,
움직임과 고요함이 이루어지므로
차이가 생겨나네.

차이가 있으나 감응의 길이 통하며,
평등하므로 생각과 말의 길이 끊어지네.

---

2) 제3권 제1장 [별기 00-01]

이를 체득한 이는 생각과 말의 길이 끊어져
어떤 모습과 소리에 응하더라도 걸림이 없고,
감응의 길이 통하니 이름과 모습을 뛰어넘어
돌아가는 데가 있구나.

이를 체득한 이가 응한 모습과 소리는
형상도 아니고 말도 아니며,
이미 이름과 모습을 뛰어넘었으니
무엇을 뛰어넘고 어디로 돌아가겠는가.

이를 '이치가 없는 지극한 이치'라 하며,
'그렇지 않은 큰 그러함'이라고 이른다네.

원효 철학은 '생성生成'의 철학이다. 그는 불교의 무아론無我論의 전통에 서서, 실체성·이원성·이분성의 사유를 거부하고 생성을 긍정한다.

이런 원효의 생성 지향의 사유를 드러내는 표현이 "불연지대연不然之大然"에 나타난 "지之"다. 불연不然이란 '그렇지 않다. 아니다'라는 뜻으로 부정이고, 연然은 '그렇다'라는 긍정이며, 대연大然은 말 그대로 '크게 그렇다'라는 대긍정이다.

대승불교 체계에서 불연不然은 중관학파中觀學派가 말하는 공空·무無를 의미한다. 연然은 유식학파唯識學派가 말하는 심心이나 식識에 해당한다. 대승기신론의 체계에서 불연不然이란 심진여心眞如이고 연然은 심생멸心生滅이다.

인도-유러피언 사유에 의하면, 불연不然의 세계는 경험을 초월해 있는 본체계이고 이데아의 세계이며 천국이고 브라흐만과 아트만의 세계이다. 반면 연然의 세계는 경험에 기반한 현상계이고, 지상이며 마야maya의 세계이다.

원효는 불연不然에 대해 대연大緣을 말한다. 이는 중생심인 심생멸心生滅에 대한 대긍정이며, 현상계에 대한 대긍정이다. 그러면서 그는 불연不然과 대연大然을 생성이라는 뜻을 가진 "지之"로 연결한다. "지之"란 '갈 지'라고 훈하듯이 본래 '가다'라는 뜻이며 그 자체로 생성한다는 의미를 가지고 있다. 따라서 불연不然과 대연大然 역시 고정된 실체가 아니라, 생성하는 관계를 맺는다. 원효는 인도-유러피언 사유 특유의 실체·본체 중심의 사고에 빠질 수 있는 "대승기신론"을 해설하며, 이같은 생성적이고 과정적인 관점을 견지한다. 이는 곧 원효 철학의 독창성을 이루는 토대라고 여겨진다.

한편, 조선 말기 대사상가로서 동학東學을 연 수운 최제우가 동경대전에 남긴 마지막 논문이 "불연기연不然其然"이다. 이를 도올 김용옥은 "불연不然은 기연其然이다"라고 해석한다.[3]

사실 내가 원효의 "불연지대연不然之大然"을 해석하는 데에, 도올 김용옥의 불연기연不然其然의 해석이 큰 도움을 주었다. 도올 김용옥은 말한다. "수운은 죽기 전까지 우리 민족이 서양의 악폐인 이원론적 사유에 오염되지 않기를 소망하면서

---

3) 김용옥, 『동경대전2』, 통나무, 2021. 192-208 참조

이 글을 썼다. 그런데 우리는 모두 서양의 악폐에 빠져 본질을 말하고, 본체를 말하고, 초월지를 말하고, 천당을 말하고, 불변을 신봉하고 있다."4)

　우리나라 최초의 독창적 대사상가로서 7세기 경 경주에서 활약한 원효와, 그로부터 1,200년 후 19세기 경 같은 경주에서 동학을 연 수운이 동일한 방식으로 사유하고 있다는 사실이 우연인 것일까?

벗이여, '아니다불연不然'는 그대 여정과 원의 시작이며, '그렇다대연大然'는 그대 여정의 끝이고 원의 완성입니다. 모든 차별과 불평등에 대해 '아니다불연不然'라고 하세요. 그리고 그 끝에서 드러나는 평등하고 충만한 존재계와 삶에 대해 '그렇다대연大然'라고 해주세요. 그대가 '아니다불연不然'에 의해 무지무명無明에서 깨어나는 순간, 무지는 순진무구함이 되고 순수한 존재, 순수한 앎이 됩니다. 그것이 '그렇다대연大然'입니다. 던은 이렇게 말했다.

---

4) 김용옥, 같은 책, 208.

존재의 노래　107

제 3 절 세움과 깨뜨림에 걸림이 없어라
입파무애立破無碍

깨뜨리고 또 깨뜨려,
그 깨뜨림이 극에 달하는 데에
세우는 도다5).
세워도 얻음이 없고
깨뜨려도 잃음이 없으니
세움과 깨뜨림에
걸림이 없어라6).

---

5) 제3권 제1장 [별기 00-02]
6) 제3권 제1장 [소 00-03]

제 2 장 평등한 존재계여!

> 이 장은 제3권의 제2장부터 제5장에 이르는 내용 중, 전체 주제와 밀접한 중요한 부분을 발췌한 것이다. 원래 제3권 제2장은 원효가 대승기신론의 제명題名을 풀이한 내용이고, 제3장 「귀경게歸敬偈」, 제4장 「대승기신론의 체體를 세움」, 제5장 「입의분立義分」은 대승기신론 자체의 서론에 해당하는 부분이다.

제 1 절 뭇 생명이 평등한 세상 평등법계平等法界 7)

믿음이란 결단이다.
무엇을 결단하는가.

일체 뭇 생명이 평등한 세상평등법계平等法界을
결단하는 것이라네체대體大.

일체 뭇 생명의 성품에 갖추어진 힘구성공덕具性功德으로
반드시 평등한 세상을 이룰 수 있음을
결단하는 것이라네상대相大.

그 평등한 세상에서

---

7) 제3권 제2장 [소 00-04] ②

무궁한 덕무궁공덕無窮功德의 작용이 펼쳐짐을
결단하는 것이라네용대用大.

제 2 절 생명의 노래

제 1 항 생명만이 주인이다. 유명위주唯命爲主 8)

생명은 몸의 중심이고,
오직 이 생명만이 주인이라네.
일심一心. 한 마음은
뭇 생명의 근원이니,
모든 감각과 욕망을 거두어
일심一心으로 돌아가라.

제 2 항 큰 슬픔 대비大悲 9)

나와 남을 떠난 슬픔인 이자타비離自他悲
인연 없는 뭇 생명에 대한 슬픔만이 무연지비無緣之悲
모든 슬픔 중에 가장 뛰어나기에
큰 슬픔대비大悲이라 부르네.

---

8) 제3권 제3장 [소 01] 1.
9) 제3권 제3장 [소 01] 2. ④

여래如來는 뭇 생명을 자식으로 여기고,
불타는 집과 같은 뭇 생명들이 사는 세계에 들어가
그들을 불타는 고통으로부터 구하네.

이때 여래는 오직 큰 슬픔대비大悲만으로
힘을 삼는다네.

> 자비慈悲의 '자慈'는 우정을 뜻하는 어원을 지녔고, '비悲'는 슬픔을 뜻한다. 여기서 대비大悲는 대자비大慈悲를 이른다. '대大'라는 말은 그 자비慈悲가 단순한 동정심이 아니라 존재계와 일체 존재의 일체성·평등성에 근거한, 대가를 바라지 않는 우애이며 슬픔이기 때문이다.

> 벗이여, 고대의 한 현자는 이렇게 말했답니다. "나는 그대에게 이웃이 아니라 벗을 가르친다. 벗으로 하여금 대지의 축제가 되고 초인에 대한 예감이 되게 하라. 나는 그대에게 벗과, 그의 넘쳐흐르는 가슴을 가르친다." "그대는 벗의 안에 깃든 초인을 그대의 존재 이유로서 사랑해야 한다.[10]"

---

10) 니체, 정동호 옮김, 『짜라투스트라는 이렇게 말했다』중
「이웃 사랑에 대하여」, 책세상, 2020, 102쪽 참조

제 3 항 진여眞如

일체 존재일체법一切法는
그 자체로 참되기에
'진眞'이라 하고,
있는 그대로 평등하여 같기동同때문에
'여如'라 하네.

다만 말로는 이를 설명하거나 생각할 수 없으니,
굳이 이름하여 "진여眞如"라 하네.11)

> 벗이여, 존재계는 평등하며 차별하지 않습니다. 그대는 존재계 보다 더 현명한가요? 던은 이렇게 말했다.

제 3 절 모든 뭇 생명을 하나의 몸으로 여기는 큰 슬픔 동체대비同體大悲

오로지 일심一心, 한 마음만이 있을 뿐,
일심一心 밖에 다른 존재법法가
따로 있지 않다네.

다만 무명無明이 일심一心의 바다에
번뇌의 물결을 일으켜

---

11) 제3권 제3장 [소 01] 3. ③

뭇 생명이 사는
불타는 집과 같은 세계육도六道를 만드는 것이라네.

오로지 일심一心만이 있기에
"모든 뭇 생명을 하나의 몸으로 여기는 큰 슬픔
동체대비同體大悲"을
갖게 되는 것이라네.12)

> 원효는 '모든 뭇 생명을 하나의 몸으로 여기는 큰 슬픔
> 동체대비同體大悲'의 근거로서 일심一心을 요청한다.

> 벗이여, 삶이 꽃처럼 피어나는 것이 깨어남각覺이며, 그 꽃에 깃드는 향기가 '큰 우애와 큰 슬픔'인 것입니다. 향기가 깃들지 않은 꽃이란…… 던은 이렇게 말했다.

제 4 절 큰 탈 것 대승大乘 13)

제 1 항

대승大乘이란
'뭇 생명-마음중생심衆生心'이라네.

---

12) 제3권 제3장 [소 02] 2. ③
13) 제3권 제5장 [소 05], [소 05]

일체 모든 존재법法는 따로 몸체體이 없으니,
오직 일심一心을 스스로의 몸자체自體으로 삼는다네.

제 2 항

마음은 하나이되, 두 가지 문이 있으니
진여문眞如門 중에는 대승의 몸체體이 있고,
생멸문生滅門 중에는 대승에서 비롯된 몸자체自體에
모습상相과
작용용用을 갖추고 있다네.

> '존재계 전체일심一心'는 하나의 몸체體이니 이를 법신法身이라 한다. 진여문眞如門은 이 '존재계 전체일심一心'에 내재된 성품이 며 공통된 이치이다. 생멸문生滅門은 '존재계 전체일심一心'에서 비롯된 몸자체自體이다. '自자'는 '스스로', '저절로'라는 뜻도 있 지만 '~서부터from', '말미암다'라는 뜻도 있다.

제 3 항

크다大는 것은 무엇인가.

그 체體가 크니,
일체의 존재法는 진여眞如로서 평등平等하여
늘거나 줄지 않는다네.

그 상相이 크니,
본성에 일체의 공덕性功德을 갖추고 있다네.

그 용用이 크니,
일체의 좋은 인과因果를 낳는다네.

제 4 항

탄다乘는 것은 무엇인가.
모든 '온전히 깨어난 자붓다佛'가
본래 타는 것이요,
모든 '깨어난 중생보살菩薩'들이 이를 타고
'온전히 깨어난 자붓다佛'가 된다네.

> 벗이여, 그대가 온전히 깨어날 때 존재계는 그대를 통해 자신을 표현하고 싶어 한답니다. 존재계는 그대를 타고 시가 되고, 춤이 되고, 노래가 된답니다. 던은 이렇게 말했다.

제 3 장 일심이문 一心二門

> 이 장제3권 제6장부터 대승기신론의 본론에 해당한다. 여기서는 기신론의 핵심사상인 '일심이문一心二門'을 개략적으로 풀이한다. 일심一心이란 존재계 전체, 즉 일법계一法界를 마음心의 측면에서 서술한 것이다.
>
> 마음心이란 "모든 존재 속에 실재하면서제법중실諸法中實 본성상 스스로 신령하게 알아차린다성자신해성自神解"는 의미다. 심진여문心眞如門은 존재계와 일체 존재의 공통된 성품이자 이치이고, 심생멸문心生滅門은 존재계에서 비롯된 개별적 존재자체自體를 가리킨다.

제 1 절 일심一心, 한 마음

일심一心이란 한 존재계일법계一法界라네.14)
모든 존재의 성품이 둘이 없기에 하나일一이고,
이 하나는 모든 존재 속에 실재하면서제법중실諸法中實,
본성상 스스로 신령하게 알아차리므로성자신해성自神解
마음심心이라 이름하네.15)

그러나 이미 둘이 있지 않은데
어찌 하나인들 있을 수 있겠으며,
하나란 것도 있지 않은데 무엇을 두고 마음이라 하겠는가.

---

14) [소 07] 1. ①
15) 제3권 제6장 [소 06] 2. ③

이와 같은 도리는 언어를 떠나고 생각이 끊어졌으니
무엇이라 해야 할지 몰라
굳이 일심一心이라 부른다네.16)

"일심一心은 한 존재계일법계一法界이다."

나에게 대승기신론과 원효의 소·별기는 복잡하고 치밀한 불교이론으로 엮인 암호와 같았다. 그런데 "일심一心이 바로 일법계一法界이다일심즉시일법계一心即是一法界."라는 원효의 한마디가 그 암호를 푸는 첫 열쇠가 되었다.

불교에서 법法. 다르마Dharma은 여러 뜻으로 쓰인다. 대승기신론 및 소·별기에서도 마찬가지다. 그 중 가장 대표적인 용례는

1. '존재'를 의미한다. '일법계一法界', '일체 제법一切諸法'에서의 용도가 그것이다.
2. 부처가 전한 진리나 깨달음의 내용, 도리, 이치 등을 의미한다.

이처럼 일법계一法界에서 법法이 "존재"를 의미한다면, 일법계는 "하나의 존재계", 곧 "한 존재계 = 존재계 전체"라는 뜻이 된다. 여기서 "한"이라는 뜻에는 "하나", "크다", "전체"라는 뜻이 모두 포함되어 있다.

---

16) 제3권 제6장 [소 06] 2. ④

이에 따르면 "일심一心"은 "한 존재계 = 존재계 전체"와 관련된 술어다. "한 존재계 = 존재계 전체"는 "하나인 존재계"일뿐이니, 내가 지금 여기 살고 있는 이 존재계 외의 다른 것일 수는 없는 것이다. 즉 일법계一法界와 일심一心의 의미를 내가 지금 여기 살고 있는 존재계를 초월한 그 무엇으로 찾을 필요가 없는 것이다.

결국 "일심一心"은 개별 존재의 자심自心만을 가리키지 않는다. 존재계 전체와 모든 존재를 포괄하는 술어인 것인데, 다름 아니라 내가 지금 여기 살고 있는 "존재계의 생명적 측면"을 서술한 것이다.

도올 김용옥은 원효의 일심一心 사상에 대해 다음과 같이 말한다. "원효의 일심一心은 개체적 현존재 내면의 주관적 의식을 고립적으로 가리키지는 않는다. 그것은 안과 밖의 구분을 거부하는 범우주적인 것이다."라고 서술하고 있다.17)

원효는 마음心을 '성자신해性自神解'라고 서술한다. 마음의 성품性性은 "스스로自 신령하게神 안다解"라는 것이다. 여기서 원효가 마음의 성품을 서술하기 위해 '해解'라는 글자를 썼다는 점은 놀라운 통찰이다. '해解'는 "풀다, 벗다, 깨닫다, 알다"라는 뜻이다.

---

17) 도올 김용옥, 『동경대전1』, 통나무, 2021. 292쪽. 사실 필자는 이 책 초안을 2021년1월2일, 도올 김용옥의 『동경대전』 출간 이전에 완성했다. 당시 이 책의 핵심이자 근간인 일심一心에 대한 나의 해석이 통상적 견해와 너무 달라 일말의 불안감이 있었는데, 도올 선생님의 이 구절이 큰 힘이 되었다.

> 마음心의 "아는 작용"을 표현하는 또 다른 대표적인 술어가 고려시대 지눌의 '공적영지空寂靈知'이다. 이는 "텅 비어공空 고요하며적寂 신령하게영靈 알아차린다지知"라는 뜻이다. 사실 선정禪定 상태에서 체험되는 '성자신해性自神解'와 '공적영지空寂靈知'의 상태는 동일하다.
> 다만 원효는 이 '앎', 또는 '알아차림'을 '해解'라 부름으로써 그 '앎'이 언어와 생각을 떠난 해체적공空, 관계적연기緣起, 생성적 속성을 지닌다는 점을 분명히 한다. 이와 같은 심心의 해체적·관계적·생성적 성격은 곧 "존재계의 생명적 원리"다.
> 원효가 '신神'이라는 술어를 쓴 의미에 대해서는 제9장 제2절 "성정본각性淨本覺"에서 살펴볼 것이다.

제 2 절 이문二門 두 가지 문

일심一心에 두 문이 있으니
첫째는 심진여문心眞如門이고,
둘째는 심생멸문心生滅門이네.18)
일체의 존재는 나지도 않고 멸하지도 않으며,
본래 고요하고 또 고요하여
오직 일심一心일 뿐이니,
이를 심진여문心眞如門이라 한다네.19)

---

18) 제3권 제6장 [논 06]
19) 제3권 제6장 [소 06] 2. ①

모든 존재는 일심一心을 스스로의 몸자체自體으로 삼으니,
이를 '본각本覺. 본래 깨어있음'이라 한다네.
이 '본각本覺'이 '무명無明'을 따라 움직여
생멸生滅을 일으키니
이를 심생멸문心生滅門이라 하네.20)

> 기신론에서는 왜 '문門'이라는 비유를 썼을까? 나는 여기서 문門이란 심진여心眞如와 심생멸心生滅이 서로에 대해 열려 있는 "관계성"을 뜻한다고 본다. "존재계=일심一心=심진여心眞如"는 개별 존재인 "심생멸"에 대해 열려 있고, 개별 존재인 "심생멸"은 "존재계=일심一心= 심진여心眞如"에 대해 열려 있다. 이를 '문門'이라는 비유로 나타낸 것이다. 개별 존재인 "심생멸"이 존재계 전체, 그리고 다른 개별 존재와 연결되고 관계 맺는 상태가 바로 "본각本覺"이다. 그러나 이와 같은 "열림"과 "관계성"이 무명無明에 의해 닫혀 있다고 여기게 되면, 우리는 존재계와 분리되어 있다는 착각에 빠지고 만다. 그 상태가 곧 "불각不覺"이다.

---

20) 제3권 제6장 [소 06] 2. ②

제 3 절 공통 상相과 개별 상相

진여문眞如門은 모든 존재의 공통된 상相이니,
이 밖에 다른 존재가 따로 없어
모든 존재를 다 아우른다네.
마치 작은 티끌이 흙그릇의 공통된 상이어서
그 밖에 다른 흙그릇이 없으므로
흙그릇이 모두
작은 티끌에 의해 아울러지는 것과 같다네.21)

생멸문生滅門은 모든 존재의 개별 상相이니,
진여眞如가 인因이 되어
연緣과 화합하여
여러 개별 존재가 생겨나네.
이 존재들은 항상 진여眞如의 성질을 무너뜨리지 않아
진여眞如를 품는다네.
마치 작은 티끌의 성질이 모여서 흙그릇을 이루지만
항상 티끌의 성질과 모습을 잃지 않아
흙그릇이 티끌을 품는 것과 같으네.22)

---

21) 제3권 제6장 [별기 06-4] ①
22) 제3권 제6장 [별기 06-4] ②

나는 이 구절을 통해 원효가 '진여문眞如門'을 "존재계 및 일체 존재를 관통하는 성품이며 이치"로 보고, '생멸문生滅門'을 "개별 존재"로 파악한다고 확신하게 되었다. 또한 이 이해 덕분에 진여眞如를 초월적이고 본체론적으로 해석하지 않고도 충분히 해명할 수 있었다. 생태계Ecosystem와 생태론의 과제 역시 '일심이문一心二門'이라는 원효의 철학으로 충분히 접근할 수 있다는 자신을 얻을 수 있었다.

제 4 절 상주성常住性과 생멸성生滅性

이 절은 불교의 중요한 개념인 '이理'와 '사事'를 통해 진여문과 생멸문의 관계를 설명한다. 이理는 "이치, 원리"를 뜻하고, 사事는 "현상, 개별 존재"를 가리킨다.

원효는 여기서 이理를 상주성常住性: 늘 머무르는 성질으로, 사事를 생멸성生滅性: 생멸하는 성질으로 구체화한다.23)

현대의 용어로 말하자면, 이理는 항상성恒常性, 사事는 생성성生成性이라고 표현할 수 있을 것이다.

---

23) 제3권 제6장 [소 06] 5. 대답(2) ③

진여문眞如門은 상주성이理만 갖추고,
생멸문生滅門은 생멸성사事만 갖춘 듯이 보인다네.24)
그러나 진여문眞如門과 생멸문生滅門은 서로 융통하여
경계를 나눌 수 없으므로
모두 상주성이理과 생멸성사事을 갖추고 있다네.25)

진여문은 상주성이理과 생멸성사事을
모두 갖추고 있지만
상주성이理만 보이고,
생멸문은 상주성이理을 붙잡아
생멸성사事을 이룬다네.26)

> 벗이여. 일심은 늘 머무르면서 동시에 생멸합니다. 일심의 늘 머무르는 성질, 즉 상주성常住性=이理은 존재계 전체의 조화와 균형을 의미합니다. 일심의 생멸하는 성질, 곧 생멸성生滅性=사事은 존재계 전체의 끊임없는 생성을 의미합니다.
> 던은 이렇게 말했다.

---

23) 제3권 제6장 [소 06] 5. 대답(2) ③
24) 제3권 제6장 [별기 06-4] ③
25) 제3권 제6장 [별기 06-4] ③
26) 제3권 제6장 [소 06] 5. 대답(1) ①, ②

제 5 절 텅 빈 충만[27]

> 이 절은 불교의 중요한 용어인 "공空"과 "불공不空"을 통해 진여문과 생멸문의 관계를 설명한다.
> 나는 공空을 "텅 빔"이라 풀었고, 불공不空을 "충만"이라 풀었다. 불공不空은 창조성을 품고 있다.

일심은 텅 빈 충만이라네.

진여문은 텅 빔空空이 드러나 있지만,
이 텅 빔조차 다시 비어 있으니空空空空
곧 충만불공不空이라네.

생멸문은 충만불공不空이 드러나 있으니,
일체 존재가 연緣을 따라 생멸을 짓는다네.
그러나 일체 존재는 실체자성自性가 없으니
이를 텅 빔空空이라 하네.
이러한 텅 빔空空 또한
텅 비어 있다는 성질공성空性이 없어空空空空,
일체의 존재를 짓는다네.

---

27) 제3권 제6장 [소 06] 6.

> 벗이여, 일심―心은 "텅 빈 충만"입니다. 텅 비어 있기 때문에 소유할 수 없고, 충만하기 때문에 일체를 창조할 수 있습니다. 소유하지 않는 창조, 이것이 일심―心인 것입니다.
> 던은 이렇게 말했다.

제 4 장 말을 끊음과 끊지 않음

> 이 장제3권 제7장은 이후 심진여문心眞如門과 심생멸문心生滅門에 대해 본격적으로 말과 생각을 동원하여 설명하기에 앞서, 언어에 대한 원효의 관점을 밝힌 것이다.

제 1 절 말을 끊음절언絶言28)

진여와 생멸의 이치는 말언言을 떠나고
생각려慮이 끊긴 자리에 있어,
언어로 규정된 모습언설상言說相과
개념으로 규정된 모습명자상名字相을 떠나 있으니,
일체의 말과 개념은 실제와 온전히 상응하지 않는다네.

제 2 절 말을 끊지 않음부절언不絶言29)

그러나 말과 글에 의하여서만,
진여와 생멸의 이치가
말과 생각을 떠난 사실을 드러낼 수 있네.
그러므로 진여와 생멸의 이치는
말을 끊지 않는다네.

---

28) 제3권 제7장 [별기 00-05]
29) 제3권 제7장 [별기 00-05]

제 3 절 말을 끊은 것도 아니고,
　　　　끊지 않은 것도 아니다.30)

만약 말을 끊지 않는다면
진여와 생멸의 이치를 알 수 없을 것이요,
말을 끊어 버린다면
진여와 생멸의 이치를 설명할 길이 없네.

그러므로 진여와 생멸의 이치는
말을 끊은 것도 아니고,
끊지 않은 것도 아니네.

---

30) 제3권 제7장 [소 00-06]

이 부분은 노자 『도덕경』 제1장 제1절의 그 유명한 첫 구절을 떠올리게 한다.31)

"도를 도라고 말하면 그것은 늘 그러한 도가 아니다.

道可道非常道
_{도 가 도 비 상 도}

이름을 이름지우면 늘 그러한 이름이 아니다."

名可名非常名
_{명 가 명 비 상 명}

위 인용의 첫 구절은 "언어에 의해 개념화된 도가도지도可道之道는 결코 '늘 그러한 도상도常道'의 실상을 드러내지 못한다."라는 뜻이다. 이는 원효가 말한 '말을 끊음절언絶言'과 통한다.

두 번째 구절은 "개념화된 이름가명지명可名之名은 '늘 그러한 이름상명常名'이 아니다"라는 의미다. 이는 언어의 한계에도 불구하고 '늘 그러한 도상도常道'와 '늘 그러한 이름상명常名'을 설명하기 위해 언어를 긍정한다는 원효의 '말을 끊지 않음부절언不絶言'에 대한 사유와 통한다.

결론적으로 원효는 언어의 한계를 철저히 인식하면서도 언어를 철저히 긍정하고 있는 것이며, 이러한 태도는 언어의 한계만을 부각하여 '불립문자不立文字'를 내세우고 있는 선종禪宗과는 대척점에 서 있는 것이다.

---

31) 이 내용에 대한 자세한 분석은 김용옥, 『노자가 옳았다』, 통나무, 2020. 12-59. 참조

제 5 장 심진여문心眞如門

> 이 장제3권 제8장부터는 심진여心眞如와 심생멸心生滅에 대한 본격적인 해설이 이어진다. 이 장은 그중에서 심진여心眞如를 설명한다. 심진여란 곧 일심一心, 즉 존재계 전체와 일체 존재를 관통하는 이치로서 평등성이며, 텅 빈 충만이다.

제 1 절 존재계는 일심一心이라네[32]

일법계一法界,한 존재계,존재계 전체는
일심一心,한 마음이며,
심진여心眞如가 의지하는 몸체體이라네.

심진여心眞如는
존재계의 '길궤軌'로 참된 앎을 만들기에
'법法'이라고도 하고,
이를 통해 열반涅槃: 삶의 순수한 평화와 기쁨으로 들어가기에
'문門'이라고도 하네.
그러면서도 존재계 전체가 곧 진여문眞如門이어서
심진여를 체體라고도 하네.

---

[32] 제3권 제8장 [소 07] 1.

제 2 절 진여란 평등성이라네

심진여心眞如를 일러
마음心의 성품性이라 하네.
'심진여心性心性'는 평등平等하고,
과거·현재·미래의 시간성을 멀리 떠나 있어,
나지도 멸하지도 않는다네.33)
일체 존재는
오로지 헛된 관념妄念妄念에 의해
차별差別이 있게 되는 것이니,
만약 헛된 관념을 떠나면
존재를 차별지우는 일체의 경계상境界相이 없다네.34)

일체의 존재는 본래부터 말과 개념,
거기서 생긴 관념을 떠나
마침내 평등하다네.
그 평등한 성품은 변하거나 달라지지 않고
파괴될 수도 없으니,
오직 일심一心일 뿐이어서,
그러므로 진여眞如라고 이름한다네.35)

---

33) 제3권 제8장 [소 07] 2. ①
34) 제3권 제8장 [소 07] 2. ②
35) 제3권 제8장 [논 07]

존재의 노래 133

진여眞如의 평등성은
말을 떠나고 관념이 끊어진 자리이니,
모든 언어와 말은 오직 임시로 성립하는 이름일 뿐
실체가 없는 것이고,
다만 헛된 관념망념妄念을 따라
생겨난 것이기 때문이네.36)

> 벗이여. 존재계와 일체 존재의 평등성. 그것을 진여眞如라 이
> 름합니다. 진여는 언어와 관념의 규정성과 한정성, 실체성을
> 떠난 상태에서만 체득됩니다. 던은 이렇게 말했다.

제 3 절 진여眞如라는 이름의 뜻

일체 존재는 임시로 붙인 말을 떠나면,
그 자체로 모두 참되기 때문에
진眞이라 하고,
참된 것은 평등하여 같기동同에
여如라 하네.37)

> 벗이여, "존재계와 일체의 존재를 관통하는 이치가 평등이
> 아니라 차별이라고 주장"하는 자, "차별이 자연自然스럽고,

---

36) 제3권 제8장 [소 07] 2. ③. 3
37) 제3권 제8장 [소 08] ②, [논 08]

> 평등은 도덕적 당위일 뿐"이라는 말을 믿지 마세요. 평등이야말로 스스로 그러한자연自然 것이고, 차별은 헛된 관념에 불과합니다. 던은 이렇게 말했다.

제 4 절 진여眞如의 텅 빔공空

진여眞如는
주관-객관의 인식 구조에 의한
일체 존재의 차별상을 떠나 있으니,
이를 텅 빔공空이라 하네.38)

진여의 스스로 그러한 성품자성自性은
상相이 있는 것도 아니고,
상相이 없는 것도 아니며,
상相이 있지 않은 것도 아니고,
상相이 없지 않은 것도 아니며,
상相이 있음과 없음을 함께 갖춘 상도 아니네.

또한 하나의 상相도 아니고,
다른 상相도 아니며,
하나의 상相이 아닌 것도 아니고,
다른 상相이 아닌 것도 아니며,
같은 상相과 다른 상相을 함께 갖춘 것도 아니네.39)

---

38) 제3권 제8장 [소 11] ①
39) 제3권 제8장 [논 11]

> 주관-객관이라는 인식 구조로 인해, 일체 존재의 차별상이 생겨난다. 이런 주관-객관의 인식구조에 의한 차별상을 떠난 진여眞如의 상태를 공空.텅 빔이라 한다.

제 5 절 진여眞如의 충만함불공不空

차별을 떠난 평등성인
심진여心眞如는 항상하여 변하지 않고,
있는 그대로의 평등한 존재정법淨法로 충만하니
이를 불공不空이라 하네.40)

불공不空이라고 말하지만,
별도로 불공不空이라는 상相이 있는 것도 아니어서
불공不空은 공空과 다르지 않네.

이 같은 진여眞如의 텅 빈 충만은
분별分別에 따른 경계境界를 떠나
오직 무분별無分別에 의해서만
체득된다네.41)

---

40) 제3권 제8장 [논 12]
41) 제3권 제8장 [소 12] ③

존재계 전체의 혼돈을 품은 균형과 조화를 "충만함"이라 한다. 진여의 '충만'도 '텅 빔'처럼 주관-객관 인식구조에 의한 차별상을 떠날 때 체득되어진다.

벗이여, "춤추는 별을 탄생시키기 위해서는 내부에 혼돈Chaos을 지니고 있어야 합니다".[42]
던은 이렇게 말했다.

---

42) 니체, 앞의 책, 「짜라투스트라의 서설」, 24쪽 참조

제 6 장 심생멸문心生滅門

> 이 장제3권 제9장부터 제6-6장제3권 제15장까지는 심생멸心生滅에 대한 자세한 해설로, 이는 하이데거가 '현존재Dasein'라고 부른 개별적 존재로서 우리 자신을 치밀하게 분석한 내용이다.
>
> 존재계에서 비롯된자自 개별 존재체體인 우리는 어떤 과정을 거쳐, 있는 그대로의 참됨진眞과 평등성여如을 상실하고, 헛된 관념의 차별 세계 속에서 고통스럽게 살아가게 된 것일까.

제 1 절 불생멸심不生滅心과 생멸生滅

심생멸心生滅은 고요하기도 하고
움직이기도 하네.
고요하여 맑고 깨끗한 마음의 상태를
자성청정심自性淸淨心=불생멸심不生滅心
여래장如來藏이라 하네.
고요하여 맑고 깨끗한 마음이
무명無明의 바람에 의하여 움직이는 마음 상태를
생멸심生滅心이라고 한다네.43)

---

43) 제3권 제9장 [소 13] 1. ①. [별기 13-1-①]

이른바 심생멸心生滅의 고요한 상태,
곧 불생멸심不生滅心이
움직여서 생멸生滅의 상相을 일으키는 것이니,
불생멸심과 생멸은
서로 버리거나 떠나지 않아
더불어 화합하네.44)
이는 불생멸심이 생멸과 화합하는 것이지,
생멸이 불생멸과 화합하는 것이 아니라네.45)

무명無明의 바람에 의하여
'불생멸심不生滅心=신령한 알아차림'
전체가 움직이는 것이기 때문에,
마음心이 생멸상生滅相을 떠나지 않고,
생멸상生滅相이 신령한 알아차림신해神解이
아닌 것이 없기 때문에
생멸生滅이 마음心을 떠나지 아니하는 것이니,
이처럼 서로 떠나지 않기 때문에
더불어 화합한다고 하는 것이라네. 46)

---

44) 제3권 제9장 [소 13] 2. ①
45) 제3권 제9장 [소 13] 2. ②
46) 제3권 제9장 [소 13] 2. ①

> 심생멸心生滅은 자성청정심自性淸淨心=불생멸심不生滅心과 무명無明에 의한 생멸生滅로 구성된다.
> 자성청정심自性淸淨心, 스스로 성품상 맑고 깨끗한 마음은 신령한 알아차림신해神解이자, 심생멸心生滅에 갖추어진 심진여心眞如를 가리키며, 이를 본각本覺, 본래 깨어있음 또는 여래장如來藏이라고도 부른다.
> 심생멸에 갖추어진 '불생멸심不生滅心=자성청정심自性淸淨心=심진여心眞如=여래장如來藏=신해지성神解之性=본각本覺'이 무명無明에 의해 생멸生滅하는 상태를 '불각不覺'이라 한다.

제 2 절 스스로 참된 상자진상自眞相

마음의
스스로 신령하게 알아차리는 본성
성자신해성自神解性에 의해
존재계의 일체 존재는
'스스로 참된 상자진상自眞相'을 드러낸다네.47)

제 3 절 아라야식阿黎耶識

불생멸심不生滅心이
생멸生滅과 더불어 화합하여

---
47) 제3권 제9장 [소 13] 2. ③, ④

같은 것도 아니고 다른 것도 아닌 것을
아라야식阿黎耶識이라 한다네.48)

제 4 절 아라야식의 작용

아라야식阿黎耶識은
일체 존재를 아우르며섭攝
일체 존재를 낸다네생生.49)

아라야식은
'각覺. 깨어있음'과 '불각不覺. 깨어있지 못함'의
두 뜻을 모두 품기에
일체 존재를 아우른다고 한다네.50)

'불각不覺'이 '각覺'을 훈습熏習: 스며드는 작용하여
모든 염법染法. 물든 법을 내며,
'각覺'이 '불각不覺'을 훈습熏習하여
모든 정법淨法. 맑은 법을 내기 때문에
일체 존재를 낸다고 하네.51)

---

48) 제3권 제9장 [소 13] 3.
49) 제3권 제9장 [논 14]
50) 제3권 제9장 [소 14] ①
51) 제3권 제9장 [소 14] ②

> '불각不覺, 깨어있지 못함'이 '각覺, 깨어있음'을 훈습熏習: 스며드는 작용하여 생겨난 염법染法, 물든 법이란 "무명無明에 의한 '주관-객관'과 '나-나의 것'이라는 차별적 인식구조 안에서 파악된 존재의 차별성 또는 차별적 관념"을 뜻한다.
>
> '각覺, 깨어있음'이 '불각不覺, 깨어있지 못함'을 훈습熏習: 스며드는 작용하여 생겨난 정법淨法, 맑은 법이란 "무명無明에 의한 '주관-객관'과 '나-나의 것'이라는 차별적 인식구조를 떠난, 존재의 평등성 또는 평등한 관념'을 가리킨다.

제 5 절 신령한 앎

아라야식阿黎耶識의 '식識'이란
오직 하나의
신령한 앎신려神慮=신해神解을 말하네52)

---

52) 제3권 제9장 [별기 14]

제 6-1 장 각覺, 깨어있음의 뜻

> 이 장제3권 제10장부터 제6-3장제3권 12장까지는 심생멸心生滅중 각覺, 깨어있음에 대한 설명이다. 일반적으로 각覺을 "깨달음"이라고 풀지만, 나는 이를 "깨어남, 깨어있음"이라고 풀었다.
> 이 장에서는 각覺의 뜻과 관련하여 본각本覺, 불각不覺, 시각始覺의 연기적緣起的 관계를 밝힌다.

제 1 절 본각本覺, 본래 깨어있음

'각覺, 깨어있음'이란
마음心이 망념妄念, 망령된 생각을 떠난 것이네.
마음이 망념妄念을 떠나면
존재계가 하나의 상相이니,
이를 여래如來=붓다의 평등한 법신法身이라 하네.53)

'하나의 상으로서의 존재계=법신法身'을
깨어서각覺
두루 비추는조照 성품을
'본각本覺, 본래 깨어있음'이라 하네.54)

---

53) 제3권 제10장 [논 16]
54) 제3권 제10장 [소 16] ①, [별기 16] ①

> '본각本覺. 본래 깨어있음'은 심생멸에 갖추어진 진여眞如이며, '불생멸심不生滅心=자성청정심自性淸淨心=여래장如來藏=신해지성神解之性'과 동의어이다.
>
> '생각념念'은 마음心속의 말言이라는 뜻이다. '념念'속의 '금'이라는 글자는 원래 입과 혀를 거꾸로 그려놓은 상형자에서 유래했다. 결국 생각念이란 언어와 언어에 내포된 차별적 권력 관계에 의해 규정되고 경계 지어진 마음이며, 이것이 곧 망념妄念.망령된 생각인 것이다.

제 2 절 본각本覺-불각不覺-시각始覺의 연기緣起 관계

마음心이 무명無明의 연緣에 의해
망념妄念을 일으키면
이를 '불각不覺. 깨어있지 못함'이라 하네.

불각不覺은
본각本覺의 훈습熏習: 스며드는 작용하는 힘에 의하여
비로소 깨어나
결국 본각本覺과 같아지네.
이를 '시각始覺. 비로소 깨어남'이라 한다네.55)

---
55) 제3권 제10장 [별기 16] ①

본각本覺에 의하여 불각不覺이 있게 되고,
불각不覺에 의하여 시각始覺이 있게 되네.56)

시각始覺은 불각不覺을 기다리고,
불각不覺은 본각本覺을 기다리며,
본각本覺은 시각始覺을 기다린다네.

이처럼 서로 기다리기 때문에
'자성自性≒실체'는 없는 것이네.
자성이 없다면 각覺이 실체로 있는 것이 아니네.
다만 각覺이 없지는 않은 것이어서
각覺이라고 말하는 것이지,
각覺에 어떤 '자성自性≒실체'가 있어
각覺이라 하는 것은 아니라네.57)

　　원효는 불교의 핵심 술어인 연기緣起를 '서로 기다림', 즉 상대相待라는 용어로 표현한다. 본각本覺, 불각不覺, 시각始覺은 '자성自性≒실체' 관념이 아니며, 서로 기다리는 연기緣起 관계에 놓여 있다.
　　즉 본각本覺은 선善이고 불각不覺은 악惡이라는 식의 실체적 선악 관념은 성립할 수 없다. 이같은 실체성, 실체적 관념의 부정이야말로 불교 사유의 정수이다.

---

56) 제3권 제10장 [논 16]
57) 제3권 제10장 [소 16] ②

> 벗이여, '각覺, 깨어있음'은 삶이 피어나는 것이며, 삶의 꽃입니다. 그대가 꽃을 피우지 않고서는 그대는 삶에 결코 만족할 수 없을 것입니다. 던은 이렇게 말했다.

제 6-2 장 시각始覺, 비로소 깨어남

> 이 장제3권 제11장은 심생멸心生滅 중 각覺, 그 중에서도 시각始覺에 관한 설명이다. 원효는 심생멸心生滅에 갖추어진 진여眞如의 평등심인 본각本覺에서 차별하는 생각과 집착으로 기울어가는 과정을 밝히고, 이를 어떻게 초극해 평등하고 고요한 본각本覺을 회복할 것인가를 설명한다.

제 1 절 생각念의 나고생生·머무르고주住· 달라지고이異·멸함멸滅

> 이 절 내용은 평등하고 고요하며 맑은 신령한 앎인 본각本覺의 마음心이 어떻게 차별하는 망념妄念을 일으켜 몰락downward해 가는지 서술한다. 이 주제는 제6-4장제3권 제13장에서 다시 자세히 다룬다.

제 1 항 사상四相 - 생각의 네 가지 모습

자신自의 마음心의 성품은
본래 생멸하는 모습을 떠나 고요하네.

다만 무명無明이 있어
이 마음 성품을 알지 못하고,
마음 성품을 거슬러
고요함을 떠나 움직여서,
생각念의 나고생生·머무르고주住·달라지고이異·멸滅하는
네 가지 모습 사상四相이 생겨나네.58)

제 2 항 생상生相 - 생각의 나는 모습

처음 생각念의 나는 모습생상生相이라네.
무명無明에 의하여 처음 생각이 움직이는 것을
업상業相이라 하고,
움직인 생각에 의해 "주관"이라는 관념이 일어나니
이를 전상轉相=능견상能見相이라 하며,
주관에 의하여 "객관"이라는 관념을 일으키니
이를 현상現相=경계상境界相이라 하네.59)

---

58) 제3권 제11장 [소 18] 1. ①
59) 제3권 제11장 [소 18] 1. ②

제 3 항 주상住相 - 생각의 머무르는 모습

둘째로 생각念의 머무르는 모습주상住相이라네.
무명無明이 다시 '주관-객관' 관념과 화합하여
"나아我"와 "나의 것아소我所"이라는 관념을 일으킨다네.
이러한 "나와 나의 것" 관념에 의해
'내가 있다는 관념아치我癡',
'내가 어떤 것이라는 관념아견我見',
'나에 대한 집착 관념아애我愛',
'나만을 중히 여기는 관념아만我慢'을 일으키네.60)

> 마르크스는 『유대인문제에 관하여』에서 자본주의 시민사회의 기본원리가 '사욕私慾'과 '이기주의'임을 지적한다. 이 사욕과 이기주의는 곧 생각의 주상住相 단계에서 일어나는 자아관념과 소유관념에 기반한다.

제 4 항 이상異相 - 생각의 달라지는 모습

셋째로 생각念의 달라지는 모습이상異相이라네.
무명無明이
'나아我'와 '나의 것아소我所'이라는 관념과 화합하여
탐貪탐욕·진瞋분노·치癡어리석음
만慢교만·의疑의심·견見편견, 악견이라는
관념을 일으키네.61)

---
60) 제3권 제11장 [소 18] 1-③
61) 제3권 제11장 [소 18] 1-④

제 5 항 멸상滅相 - 생각의 멸하는 모습

넷째로 생각念의 멸하는 모습멸상滅相이라네.
무명無明이 탐욕, 분노, 어리석음 등의 관념과 화합하여
살생·도둑질·간음 같은 몸으로 짓는 업을 짓고,
거짓말·교묘하게 꾸미는 말·협박·이간질 같은
입으로 짓는 업을 짓네.
이를 몸과 입으로 짓는 일곱 가지 악업이라고 하네.62)

제 6 항 일념一念, 한 생각

생각念의 네 가지 모습이 일어나는
근거가 되는 마음心은
일심一心에서 오는 것이니
일심一心이 유전하는 것이고,
네 가지 모습은 무명無明에 의한 것이네.

무명無明에 의해 일어난 상相은
그 대상에 따라 차별상을 짓는다네.
이는 바로 무명無明이 평등성平等性을 어겼기 때문이라네.
이 생각念의 네 가지 상相을 통틀어
한 생각일념一念이라 부른다네.63)

---

62) 제3권 제11장 [소 18] 1-⑤
63) 제3권 제11장 [소 18] 1-⑥, ⑦

> 벗이여, '나'라는 자아 관념과 '나의 것'이라는 소유 관념은 우리 '존재=삶=마음'의 본래적인 성품이 아니고, 무명無明에 의해 생겨난 망령된 관념에 불과한 것이며, 아무런 실체가 없는 것입니다. 던은 이렇게 말했다.

제 2 절 시각始覺, 비로소 깨어남 : 자기초극自己超克의 과정

> 이 절 내용은 제1절에서 논한 "마음의 몰락"을 다시 거슬러 올라가upward, 평등하고 고요한 본각本覺으로 돌아가는 과정을 보여 준다. 이를 당연히 불교 술어로서 "깨달음" 과정이라 하여야 겠지만, 나는 그 역동성을 드러내기 위해 니체의 용어를 빌려 "자기초극自己超克"이라 풀었다. 그리고 그 구체적 내용을 니체 『짜라투스트라는 이렇게 말했다』 제1부 "세 가지 변화에 대하여"를 참고하여 풀어보았다.64)

제 1 항 범부각凡夫覺 - 범부의 깨어남

비로소 깨어나는 첫 단계는
생각이 멸하는 모습멸상滅相을 초극하는 것이라네.

---

64) 니체, 앞의 책 「세 가지 변화에 대하여」, 38-41쪽 참고

탐욕탐貪·성냄진瞋·어리석음치癡
교만만慢·의심의疑·편견견見의
여섯 가지 관념을 그쳐,
몸과 입으로 짓는 일곱 가지 악업을 짓지 않으니,
이를 범부각凡夫覺 또는 불각不覺이라 하네.65)

> 벗이여, 비로소 깨어나는 첫 번째 단계에서, 그대들은 낙타가 되어야만 합니다. 그대들은 믿음의 힘으로 탐욕탐貪·성냄진瞋·어리석음치癡·교만만慢·의심의疑·편견견見이라는 무거운 짐에 의한 중력을 견디어내며, 이를 그쳐서 몸과 입으로 짓는 일곱가지 악업을 짓지 말아야 합니다. 그리고 고독의 사막으로 나가야 합니다. 던은 이렇게 말했다.

제 2 항 상사각相似覺 - 비슷한 깨어남

비로소 깨어나는 두 번째 단계는
생각이 달라지는 모습이상異相을 초극하는 것이네.
'나아我'가 없음무아無我을 분명히 알아,
탐욕·성냄·어리석음·교만·의심·편견의
여섯 가지 관념을 넘어서는 것이네.
이를 상사각相似覺. 비슷한 깨어남이라 하네.66)

---

65) 제3권 제11장 [논 18]. [소 18] 2. ①
66) 제3권 제11장 [논 18]. [소 18] 2. ②

> 벗이여, 비로소 깨어나는 두 번째 단계에서, 그대들은 고독의 사막에서 사자가 되어, '나'라는 자아관념과 '나의 것'이라고 하는 소유관념으로 이루어진 거대한 용과 싸워야 합니다. 그대가 사자가 되어 용과 싸우기 시작할 때, 그대는 진정한 삶의 전율과 기쁨을 느끼게 될 것입니다.
> 던은 이렇게 말했다.

제 3 항 수분각隨分覺 - 부분적 깨어남

비로소 깨어나는 세 번째 단계는
생각이 머무르는 모습주상住相을 초극하는 것이네.

"주관과 객관", "나와 남"이라는 분별과 집착이 헛된
것이라는 무분별無分別의 깨달음에 의하여,
'내가 있다는 관념아치我癡',
'내가 어떤 것이라는 관념아견我見',
'나에 대한 집착 관념아애我愛',
'나만을 중히 여기는 관념아만我慢'을 넘어서네.
이를 수분각隨分覺. 부분적 깨어남이라 하네.67)

---

67) 제3권 제11장 [논 18]. [소 18] 2. ③

> 벗이여, 비로소 깨어나는 세 번째 단계에서, 그대들은 여전히 사자로서 '주관-객관', '나-남', 그리고 존재계와 그대를 분리하는 '분별'이라는 거대한 용과 싸워야 합니다.
> 던은 이렇게 말했다.

제 4 항 구경각究竟覺 - 온전한 깨어남

비로소 깨어나는 네 번째 단계는
생각이 처음 나는 모습생상生相을 초극하는 것이네.

일심一心의 근원으로 돌아가,
생각念이 마음心에서 비롯된 것이며,
오직 일심一心만이 있음을 깨달아,
"주관과 객관", "나와 남"이라는
분별과 집착을 넘어서는 것이라네.

그리하여 항상 스스로 일심一心의
한결같이 평등한 자리에 머무르니,
이를 구경각究竟覺. 온전한 깨어남이라 하네.68)

---

68) 제3권 제11장 [논 18], [소 18] 2. ④

존재의 노래 157

> 벗이여, 사자는 다시 어린아이가 되어야 합니다. 그대는 "일법계−法界=존재계=일심−心"이 되어, 순진무구함과 경이감으로 가득 차, 늘 새로운 시작이자 처음 굴러가는 바퀴이며, 신성한 웃음이자 신성한 긍정이 되어야 합니다. 던은 이렇게 말했다.

이상이 자기초극의 과정으로서 시각始覺의 네 단계를 설명한 것이다. 여기서 이해할 필요가 있는 중요한 불교 술어가 "보살 52위位"이다.

이는 보살菩薩. 깨어난 중생이 발심하여 붓다온전히 깨어난 자의 깨달음, 곧 본각本覺에 이르는 단계를 52단계로 구분한 것이다. "십신十信 → 십주十住 → 십행十行 → 십회향十廻向 → 십지十地 → 등각等覺 → 묘각妙覺"이 그것이다.

십신十信: 열 가지 믿음의 단계

십주十住: 열 가지 머무름의 단계

십행十行: 열 가지 실천의 단계

십회향十廻向: 공덕을 일체 중생에게 돌리는 열 가지 단계

십지十地: 드디어 법신法身을 체득해 붓다에 이르는 길에 들어서, 대지처럼 모든 중생을 짊어지고 교화하는 열 단계

등각等覺: 보살깨어난 중생이 붓다와 동등한 깨달음과 실천에 이른 단계

묘각妙覺=본각本覺: 붓다, 곧 온전히 깨어남

　원래는 52위의 각 단계별로 구체적인 용어가 있지만, 기신론과 원효의 소·별기에서는 이를 시각始覺의 네 단계와 관련해서 이해하는 것으로 충분하다. 곧
　　범부각凡夫覺은 십신十信 단계이고,
　　상사각相似覺은 십주十住-십행十行-십회향十廻向 단계이며,
　　수분각隨分覺은 십지十地 단계이고,
　　구경각究竟覺은 등각等覺 및 묘각妙覺 단계에 해당한다.

　기신론과 원효는 뒤에서 시각始覺의 네 단계와 보살 52위에 기초하여 자기초극 과정을 구체적으로 서술한다.
　즉 제6-5장 제6절 "여섯 가지 물든 마음"에서는 수분각隨分覺에서 구경각究竟覺에 이르는 길을,
　제10장 "분별발취도상分別拔取道相"에서는 상사각相似覺에서 수분각隨分覺에 이르는 길을,
　제11장 "수행신심분修行信心分"에서는 범부각凡夫覺에서 상사각相似覺에 이르는 길을 각각 자세히 다룬다.

존재의 노래

제 3 절 무념無念 - 오직 일심一心일 뿐

> 이 절은 '무념無念' 관점에서 '각覺'을 서술한다. '무념無念'은 존재계와 일체 존재가 그 자체로 참되고진眞 평등하다여如는 것을 알아차리어신해神解, 이를 모르는 무명無明에 의해 일어난 망념妄念이 없는 상태이다.

구경각究竟覺의 자리에서
'여래如來=붓다=온전히 깨어난 자'는
생각念의 나고, 머무르고, 바뀌고, 멸하는
네 가지 모습이
본래 고요함을 알게 되니,
이를 '무념無念'이라 하네.69)

'뭇 생명중생衆生'은
본래부터 생각에서 생각으로 이어져
생각을 떠나지 못한 것이니,
이를 시작이 없는 무명無明이라고 하네.

무념無念이란
무명無明의 잠에서 깨어난 것이므로,
무념無念이 바로 '깨어남각覺'이라네.70)

---
69) 제3권 제11장 [논 19], [소 19] 1. ①
70) 제3권 제11장 [논 19], [소 19] 1. ②

만약 일심一心의 근원에 이르러
무념無念을 얻으면,
곧 일체 중생의 일심一心이 움직여
생각의 네 가지 모습으로 차별된 것임을 알게 된다네.

비로소 깨어남시각始覺이라고 하지만,
일심一心을 떠나
사상四相이라는 별도의 실체가 있는 것은 아니네,

사상四相이 곧 일심一心이고,
본래 평등하여
하나의 '각覺. 깨어있음'일 뿐이라네.71)

만약 '뭇 생명중생衆生'이
무념無念을 본다면
곧바로 붓다의 지혜로 향하게 된다네.72)

---

71) 제3권 제11장 [소 19] 1. ③. 2. ①. ② [별기 19-2-②]
72) 제3권 제11장 [논 18]

제 6-3 장 본각本覺, 본래 깨어있음

> 이 장제3권 제12장은 심생멸心生滅 중 각覺 가운데 본각本覺에 관한 설명이다. 기신론은 본각本覺을 두 가지 측면에서 서술한다.
>
> 하나는 불각不覺에 대응하는 시각始覺 과정을 거쳐 이른 본각本覺, 곧 수염본각隨染本覺이다. 이는 "언어와 생각에 의해 물든 측면에서 본 본각"이라는 뜻이다.
>
> 또 다른 하나는 본각本覺 그 자체를 말하는 것으로, 이를 성정본각性淨本覺이라 한다. "언어와 생각에 의해 물들지 않은 성품상 맑은 본각"이라는 의미다. 기신론은 이 성정본각性淨本覺을 허공과 거울의 비유로 풀어낸다.
>
> 이 본각本覺에 대한 서술에서 가장 인상적인 점은, 본각本覺이 단순히 지혜라거나 맑은 거울 같은 수동적 측면만 있는 것이 아니라, 존재계 및 일체 존재와 서로 감응하며 적극적으로 작용한다는 사실이다.

제 1 절 수염본각隨染本覺

수염본각隨染本覺,
곧 "언어와 생각에 의해 물든 측면에서 본각"에는
두 가지 모습이 있네.[73]

---
[73] 제3권 제12장 [논 20]

첫째는 지정상智淨相. 지혜의 맑은 모습이네.
중생의 자성청정심自性淸淨心
곧 '본래 깨끗하고 맑은 마음'은
무명無明의 바람에 의하여 움직이더라도,
마음의 신령하게 알아차리는 성품신해지성神解之性인
지성智性은
항상하여 움직이지 않는 것이네.
이런 마음의 순수하고 맑은 모습을
지정상智淨相이라 하네.74)

둘째는 부사의업상不思議業相. 불가사의한 활동의 모습이네.
마음이 순수하고 맑아짐에 의하여
일체의 뛰어나고 묘한 경계를 지어,
무량한 공덕의 모습이 항상 끊어짐이 없이,
중생 각자의 처지에 따라 자연히 상응하여
이익을 얻게 하네.
여래如來의 한 생각일념一念은
존재계와 감응하여,
생각으로 헤아릴 수 없는 작용을 하니
이를 부사의업不思議業이라 하네.75)

---

74) 제3권 제12장 [논 20], [소 20] 3. ①
75) 제3권 제12장 [논 20], [소 20] 3. ②

> 마음이 순수하고 맑아지면 '신령하게 알아차리는 성품=지성智性'이 드러나니 이를 본각本覺의 지정상智淨相이라 한다.
> 　이 '신령하게 알아차리는 성품=지성'에 의해 존재계의 있는 그대로의 참되고 평등한 모습-뛰어나고 묘한 경계-이 드러나고, 존재계와 감응하여 생각으로는 헤아릴 수 없는 불가사의한 작용을 하니 이를 본각本覺의 부사의업상不思議業相이라 한다.

제 2 절 성정본각性淨本覺[76]

성정본각性淨本覺,
곧 "언어와 생각에 의해 물들지 않은 성품상 맑은 본각"은 허공과도 같고, 거울과도 같아 네 가지 뜻이 있네.

첫째는 여실공경如實空鏡이니,
곧 "있는 그대로의 텅 비어 있는 거울"이네.
이는 본각本覺의 공空의 측면이니,
나타낼 만한 존재도
비추는 작용도 없다네.

---

76) 제3권 제12장 [논 21], [소 21]

둘째는 인훈습경因熏習鏡이니,
곧 "원인으로 작용하는 거울"이네.
이는 본각本覺의 지智의 측면이니,
일체 존재의 진실한 성품이
그 가운데 나타나네.
또 언어와 생각에 의해 물들지 않고
그 지혜의 체는 움직이지 않으면서
중생의 마음에 원인으로 작용한다네.

셋째는 법출리경法出離鏡이니,
곧 "존재가 있는 그대로의 모습을 드러내는 거울"이네.
일체 존재가
순수하고 맑고 밝은 모습을 드러내니,
이로 인해 인훈습경因熏習鏡이 법신法身이 된다네.

넷째는 연훈습경緣熏習鏡이니,
곧 "연緣으로 작용하는 거울"이네.
본각本覺이 드러나
뭇 생명중생衆生의 처지에 맞게
평등하게 비추어
온갖 변화를 나타낸다네.

이런 본각本覺에 대한 설명은 원효가 마음心을 왜 "성자신해性自神解", 곧 '스스로 신령하게 알아차리는 성품'이라 했는지 보여준다.

여실공경如實空鏡은 "텅빈 고요함공적空寂"이고, 인훈습경因熏習鏡은 "알아차림"을 가리킨다. 이는 "신해神解"중 '해解', 즉 '풀다, 깨닫다, 안다'는 의미다.

법출리경法出離鏡이란 일체 존재와 있는 그대로 감응하는 것을 의미하고, 연훈습경緣熏習鏡은 일체 존재에 작용하여 온갖 변화를 일으키는 작용을 뜻한다. 이것이 바로 "신해神解" 중 '신神', 곧 '신령하다'는 의미이다.

곧 '존재계 = 일심一心', 그리고 심생멸心生滅에 내재한 일심一心인 본각本覺은 단순히 존재계와 일체 존재, 그리고 자신을 고요하게 비출 뿐 아니라, 그들과 감응하고 작용하며 변화시키는 것이다.

제 6-4 장 불각不覺 – "생멸生滅하는 상相"의 뜻

이 장제3권 제13장부터 제6-6장제3권 제15장까지는 심생멸心生滅 중 불각不覺, 깨어있지 못함을 각각 다른 관점에서 설명한다.

이 장에서는 불각不覺을 "생멸生滅하는 상相"이라는 관점에서 서술한다.

자본주의적 삶과 경제·정치의 기반인 '이기주의'나 '개인주의'의 뿌리인 "자아 관념"과 "소유 관념"은 어디서 온 것인가? 그것은 정말로 소위 본성本性이라고 하는 것에 가까운 것일까? 이 장은 이 문제에 대한 답을 제시한다.

제 1 절 근본불각根本不覺

'근본불각=근본무명根本無明'이란 무엇인가.
존재계와 일체 존재가
참되고진眞
평등하며여如
하나일—임을
있는 그대로 알지 못하는 것이라네.

'근본불각=근본무명根本無明'으로 말미암아
깨어있지 못한불각不覺 마음心이 일어나
생각念이 있게 된다네.77)

생각念은 스스로의 실체자상自相가 없고
본각本覺을 떠나지 않는다네.
마치 사람이 길을 잃는 것은
방향에 의지하기 때문이니,
만약 방향에 대한 집착을 떠난다면
길을 잃는다는 것도 없어지네.78)

본각本覺에 의지하기 때문에
불각不覺이 있는 것이니,
만약 본각本覺을 떠난다면
곧 불각不覺이라고 할 만한 것도 없다네.

본각本覺역시 불각不覺을 기다린다네.
다른 것을 기다려서 있다면
그것은 자상自相이 아니니,
자상自相이 없는데
어찌 타상他相이 있겠는가? 79)

---

77) 제3권 제13장 [논 22], [소 22] ②
78) 제3권 제13장 [논 22]
79) 제3권 제13장 [논 22], [소 22] ③

무명無明이란 무엇인가?

기신론과 원효는 이에 대해 "진여법眞如法이 하나임을 있는 그대로 알지 못하는 것"을 근본무명根本無明이라 한다.80) 또한 "일법계一法界, 한 존재계임을 알지 못하여 마음에 홀연히 생각念이 일어나는 것"을 무명無明이라 한다.81)

나는 이와 같은 무명의 의미를 더 구체적으로 생각해 보았다. 앞서 보았듯이 "생각=념念"은 마음心속의 말듭을 뜻한다. '념念'속의 '今'은 원래 입과 혀를 거꾸로 그려놓은 것이다. 결국 생각念이란 언어와, 그 언어가 담고 있는 차별적 권력관계에 의해 규정되고 경계 지어진 마음이다.

그렇다면 이처럼 홀연히 생각念을 일으키는 무명無明이란, 바로 언어 자체와 그 언어에 내포된 차별적 권력관계를 의미하는 것이 아닐까? 언어는 문명 속에서 태어나고 살아가는 인간의 숙명이고, 언어는 이미 어떤 관계를 담고 있다. 그리고 그 관계는 니체가 말하는 "권력에의 의지"가 포함된 관계, 즉 "권력관계"라고 하는 것이 현실일 것이다.

우리는 이미 주어진 이 언어와 그 언어의 관계 규정에 따라, "있는 그대로의 존재계, 즉 일심一心"을 고정시키고 경계 지운다. 바로 이것이 생각念인 것이다.

---

80) 제3권 제13장 [논 22], [소 22].
81) 제3권 제14장 [논 33]

> 서양철학은 플라톤 이래, 실재하는 현상계 대신에 관념이데아Idea적 절대계의 존재성과 그 우위성을 강변한다. 하지만 기신론과 원효의 사유에서 관념은 무명無明의 산물일 뿐이며, 현상계와 절대계의 구분 또한 허망한 분별이다. 오직 "한 존재계일법계一法界, 곧 일심一心"만이 현존하는 것이다.

> 아, 우리는 언어와 문명 속에서 길을 잃었구나!
> 던은 이렇게 말했다.

제 2 절 지말불각枝末不覺-미세한 모습,세상細相 82)

불각不覺으로 인해
세 가지 미세한 모습삼세三細이 생긴다네.

첫째는 무명업상無明業相이니
불각不覺에 의하여 마음心이
처음 움직이는 것이네.
이 움직임을 업業이라 하니,
아직 주관과 객관으로 나뉘어지지 않았네.

---

82) 제3권 제13장 [논 23], [소 23]

둘째는 능견상能見相, 능히 보는 상이니
마음의 움직임에 의하여
주관이 생겨나는 것이네.

셋째는 경계상境界相이니
'능견상=주관'에 의하여
'경계境界=객관'가 헛되이 나타나는 것이네.

"근본불각根本不覺"인 무명無明이 뿌리라면, 뿌리인 무명에서 일어난 가지인 "지말불각枝末不覺"의 첫 단계는 "주관과 객관"이 생기는 지점이다.

이는 서양철학에서 말하는 인식론認識論의 주제와 관련된다. 서양철학은 "주관-객관"을 주어진 것으로 받아들이고, 그 전제에 기초해서 치밀한 인식론을 전개한다. 그러나 "주관-객관"이 모두 무명에 의해 일어난 생각念의 작용에 불과하다면, 서양철학은 도대체 무엇을 탐구해온 셈일까.

원효에 따르면 이 무명업상無明業相, 능견상能見相, 경계상境界相의 세 가지 미세한 모습삼세三細이 유식학파唯識學派의 제8식第8識, 아라야식阿黎耶識을 구성한다. 이 관점을 삼세아라야식설三細阿黎耶識이라 부른다.

존재의 노래 173

제 3 절 지말불각枝末不覺-거친 모습,추상麤相

경계상境界相이 나타낸
경계境界에 의하여
여섯 가지의 거친 모습육추六麤이 일어나네.

첫째는 지상智相이니,
경계境界에 의하여 마음心이 일어나,
'본식本識=아라야식阿黎耶識'을 연緣으로 하여
'나아我'라고 헤아리고,
본식에 드러난 경계境界를 연緣으로 하여
'나의 것아소我所'이라고 헤아리며, 좋아하고애愛 좋아하지
않음불애不愛을 분별分別한다네.83)

드디어 "자아 관념아我"과 "소유 관념아소我所"이 등장한다. 이는 무명無明에 의한 생각念이 만든 "주관-객관의 인식구조"에서 비롯된 허망한 관념일 뿐이다. 이 지상智相은 표층의식 전 단계의 무의식無意識, 유식학파唯識學派 표현으로는 제7 말나식末那識에 해당한다. 이같은 헛된 관념에 기반한 문명은 얼마나 허망한가.

---

83) 제3권 제13장 [논 24], [소 24] 2. ①

둘째는 상속상相續相이니,
지상智相에 의하여
괴로움고苦과 즐거움락樂을 내고,
마음心을 분별하고 바깥 경계를 헤아려
생각念을 일으켜,
생각 생각이 서로 이어져 끊어지지 않는다네.

상속상은
과거의 모든 행위를 끌어당기고 끊어지지 않게 하며,
삶과 죽음을 되풀이하여
미래의 과보로 이어지게 한다네.

지상智相은 안을 연緣으로 하여 머무르기에
마치 잠자는 듯하지만,
상속식相續識은 안과 밖을 두루 헤아려 분별함이
마치 깨어있는 듯하네.84)

상속상相續相이 의식 단계인지 무의식 단계인지를 두고 대부분의 기신론 해설자들은 무의식으로서 제7 말나식末那識에 해당한다고 해설한다. 즉 기신론에서 말하는 지상智相과 상속상相續相은 유식학파에서 말하는 제7 말나식末那識에 해당하고, 아래의 집취상執取相과 계명자상計名字相, 기업상起業相이 유식학파에서 말하는 제6식인 의식意識이라는 것이다.

---

84) 제3권 제13장 [논 24]. [소 24] 2. ②

하지만 원효는 상속상相續相이 무의식인 제7식第7識의 성질을 가지고 있기는 하지만, 제6식第6識인 의식意識에 해당한다는 입장을 취한다. 나는 원효의 견해가 타당하다고 여겨진다.

상속상相續相은 무의식인 지상智相과 달리, 안팎을 두루 헤아려 분별하기에, 마치 깨어 있는 상태 같아서 의식意識의 성질을 지닌다. 이 상속상相續相의 의식意識의 성질은, 서양철학에서 "이성理性, reason"이라 부르는 것과 상응하는 것으로 보인다.

그런데 기신론과 원효는 더 나아가 일반적으로 받아들여지고 있는 유식학파의 주장과 다른 놀라운 주장을 한다. 상속상相續相이 과거의 모든 행위를 끌어당기고 끊어지지 않게 하며, 삶과 죽음을 되풀이하여 미래의 과보로 이어지게 한다는 것이다. 바로 이것이 상속상相續相의 무의식으로서의 제7식의 측면일 텐데, 사실 이는 아무리 봐도 "윤회輪回"에 대한 서술이며, 과거·현재·미래라는 "시간 관념"에 대한 서술이다.

즉 상속상相續相은 윤회의 주체이며 시간 관념이 일어나는 자리이기도 한 것이다. 이는 유식학파에서 윤회의 주체를 제8 아라야식阿黎耶識으로 상정하고 있는 것과 다른, 너무나 흥미로운 견해다.

> 아. "윤회"와 "시간관념", 그리고 "이성"의 담지자인 상속상相續相을 넘어선 곳에, "자아 관념"과 "소유 관념"의 담지자인 지상智相이 있는 것이라면, "자아관념"과 "소유관념"은 얼마나 강고한 것인가.

셋째는 집취상執取相이니,
상속相續에 의하여
경계境界에 연緣한 생각念이
좋아하고 싫어하는 분별을 내어
괴로움고苦과 즐거움락樂에 머물러
마음이 집착을 일으키네.[85]

넷째는 계명자상計名字相이니,
헛된 집착으로
좋아하는 것과 싫어하는 것들에
임시 이름명名과 개념언言을 붙여
모습상相을 분별分別하네.[86]

다섯째는 기업상起業相. 업을 일으키는 상이니,
계명자상으로 취한 이름과 모습에 의해
생각의 조작으로
선善과 악惡을 만들어
온갖 업業을 짓기 때문이네.[87]

---
[85] 제3권 제13장 [논 24]
[86] 제3권 제13장 [논 24]. [소 24] 2. ④
[87] 제3권 제13장 [논 24]. [소 24] 2. ⑤

여섯째는 업계고상業繫苦相. 업에 얽힌 괴로운 모습이니,
업業에 의하여
과보果를 받아
자유롭지 못하기 때문이네.88)

> 기신론과 원효는 삼세三細. 세 가지 미세한 상와 육추六麤. 여섯 가지 거친 상를 통해, 특히 집취상執取相·계명자상計名字相·기업상起業相·업계고상業繫苦相에 대한 단계적 설명으로, 불교의 핵심 통찰인 "일체개고一切皆苦. 일체는 모두 괴로움"에 이르는 구체적 과정과 그 인과를 밝힌다.
>
> 원효에 의하면 육추六麤중 상속상相續相·집취상執取相·계명자상計名字相·기업상起業相은 유식학파상의 제6식, 곧 의식意識에 해당하고, 업계고상業繫苦相은 이 네 가지 상이 낳은 과보라고 설명한다.

---

88) 제3권 제13장 [논 24]
89) 제3권 제13장 [논 25], [소 25]

제 4 절 염법染法 물든 법, 존재의 차별성 또는 차별적 관념 89)

> 염법染法은 보통 "오염된 법"이라고 풀이하지만, 나는 좀 더 중립적으로 "물든 법"이라 풀었다. 여기서 "물든 법"이란, 주관-객관삼세三細, 나-나의 것지상智相, 괴로움-즐거움상속상相續相, 집착집취상執取相, 임시의 이름과 개념계명자상計名字相, 선-악기업상起業相의 관념에 물든 "존재의 차별성 또는 차별적 관념"을 의미한다.

근본무명根本無明에 의하여
무명업상無明業相, 능견상能見相, 경계상境界相의
삼세三細. 세 가지 미세한 상가 일어나고,
경계상境界相에 의하여
지상智相, 상속상相續相, 집취상執取相,
계명자상計名字相, 기업상起業相, 업계고상業繫苦相의
육추六麤. 여섯 가지 거친 상가 일어나니,
이 삼세三細와 육추六麤가
모든 염법染法. 물든 법을
아우른다네.

이는 모두
일체 존재의 실상 제법실상諸法實相,

---
89) 제3권 제13장 [논 25], [소 25]

곧 존재계와 일체 존재가
참되고진眞 평등하여여如 하나일—임을
있는 그대로 알지 못하기 때문이네.

제 5 절 하나의 삶이 있을 뿐 90)

각覺. 깨어있음과 불각不覺. 깨어있지 못함은
모두 진여眞如의 성질성性과 모습상相일 뿐이네.

이러한 뜻에 의하여
일체 중생은 본래
열반涅槃과 보리菩提에 항상 들어가 머무르며,
열반涅槃과 보리菩提는
닦을 수 있는 상相도 아니고
지을 수 있는 상相도 아니어서
끝내 얻을 수 있는 것도 아니라네.

---

90) 제3권 제13장 [논 26], [소 26]

불교 술어인 열반涅槃은 산스크리트어 "니르바나nirvaana", 또는 팔리어 "닙바나nibbana"의 음역이다. 니르바나는 "nir없어진+√vaa불다. to blow"의 과거분사로, "불어서 없어진", "불어서 꺼진"이라는 의미로, 이것이 명사화한 것이다. 초기 경전에서 이는 "갈애가 소멸한 것"이라 표현하고, 마음의 어지러움이 없는 자유롭고 평화로운 경지를 일컫는다.

보리菩提는 산스크리트어 "보디bodhi"의 음역이다. "깨어나다, 알게 되다, 알리다, 알다, 이해하다"라는 의미의 동사 어근 "budh"로부터 형성된 추상명사이다. 보통 "깨달음"이라고 풀이되며, "각覺"과 같은 뜻이다.

보통 "열반"과 "보리"는 불교 수행의 목표로 제시된다. 그러나 기신론과 원효는 본각本覺과 불각不覺이 모두 진여眞如의 성질과 모습에 불과할 뿐이고, 모든 중생은 이미 "열반"과 "보리"에 항상 들어가 머무르고 있기에, 이를 닦거나 짓거나 얻을 수 있는 것이 아니라고 한다.

존재계, 그리고 존재란 다름아닌 "생명=삶"이며, "진여"란 삶이 "있는 그대로 참되며 평등하다"는 이치다. "열반"은 삶의 순수한 평화와 기쁨의 상태이며, "보리"란 이러한 삶의 본래 모습을 아는 것이다. 그렇다면 삶 본연의 "기쁨열반"과 "앎보리"을 어떻게 닦고, 짓고, 얻을 것인가.

염법染法, 물든 법
곧 존재의 차별성 또는 차별적 관념은
평등성平等性을 어겨
헛되이 차별差別이 있는 것이네.
이 헛된 차별을 상대하여
본각本覺의 무한한 공덕성공덕性功德을 말하고,
모든 염법染法: 물든 법의 차별差別을 다스리려고
시각始覺의 온갖 덕의 차별差別을 말하네.

무루법無漏法=정법淨法은
본래 평등성平等性을 따라
마땅히 차별이 없는 것이지만,
염법染法의 차별상을 따라
차별差別하는 모습을 낸다네.
염染, 물듦과 정淨, 깨끗함은
모두 서로 기다려상대相待
나타나는 것일 뿐이니,
그 어떤 실체가 있는 것이 아니라네.

> 정법淨法: 맑은 법. 존재의 평등성 또는 평등한 관념이란 염법染法: 물든 법. 존재의 차별성 또는 차별적 관념에 대한 상대적 서술이다. "주관-객관 인식구조로 말미암아 물든 존재에 대한 차별 관념"이 "염법染法"이라면, "정법淨法"이란 "본각本覺=신령스러운 앎. 신해神解"에 드러난, "존재의 있는 그대로의 참됨과 평등성 또는 이에 대한 관념"을 의미한다. 이와 같은 "정법淨法"을 기신론과 원효는 "무루법無漏法"이라고도 표현한다.

제 6-5 장 불각不覺 –
"생멸生滅하는 마음식識"의 뜻

6-4장제3권 제13장이 심생멸心生滅 중 불각不覺을 마음의 '생멸生滅하는 상相'이라는 관점에서 설명했다면, 이 장제3권 제14장은 불각不覺을 '생멸生滅하는 마음'이라는 관점에서 서술한다. 이 '생멸하는 마음'을 "식識"이라고 하는데, 식識이라는 글자에 말씀 언言과 소리 음音이 들어 있는 점에서 알 수 있듯이, 식識은 언어와 말에 의하여 존재계를 차별적으로 분별하여 아는 것을 의미한다.

특히 이 장은 '생멸하는 마음'인 "식識"의 형성 과정을 인연因緣이라는 불교적 술어로 풀어낸다. 인因, 산스크리트어:hetu은 결과를 낳는 직접적 원인이고, 연緣, 산스크리트어:pratyaya은 이를 돕는 간접 원인을 의미한다. 불교의 가장 중요한 술어중 하나인 '연기緣起'는 일체 존재제법諸法가 인연생기因緣生起, 즉 인因: 직접적 원인과 연緣: 간접 원인에 의지하여 생겨난다는 뜻의 줄임말이다. 이 장은 그런 연기법緣起法으로 마음의 생멸을 서술한다.

제 1 절 심생멸心生滅의 인因과 연緣

생멸인연生滅因緣이란,
중생衆生이 마음心에 의하여
의意와 의식意識이 일어나는 것이네.

아라야식阿黎耶識의 심체心體가
모든 존재를 만들어내는 생멸의 인因이고,
근본무명根本無明이
심체에 작용하여 움직이게 하니
이것이 생멸의 연緣이라네.91)

또한 근본무명根本無明은
모든 염법染法: 물든 법, 존재의 차별성 또는 차별적 관념의
생멸의 인因이고,
색色,색깔·성聲,소리·향香,향기·
미味,맛·촉觸,촉감·법法,개념이라는 경계境界는
생멸의 연緣이라네.92)

---

91) 제3권 제14장 [논 27], [소 27] ①, [논 28]
92) 제3권 제14장 [소 27] ①. 여기서 법(法)은 지금까지 사용한 '존재' 또는 '이치'로서의 법(法)의 용례와는 또 다른 의미이다. 이는 "눈(안,眼)·귀(이,耳)·코(비,鼻)·혀(설,舌)·몸(신,身)"이라는 다섯 감각기관[이를 오근(五根)이라고 한다]이 인식하는 대상인 "색(色,색깔)·성(聲,소리)·향(香,향기)·미(味,맛)·촉(觸,감촉)"을 통합하는 의식(意識)을 일으키는 의근(意根)의 인식대상을 "법(法)"이라 하는데, 이때 법(法)은 "개념"을 뜻한다.

여기서 기신론과 원효는 "생멸生滅하는 마음"인 식識을 두 단계로 구분한다. 첫 번째는 "의意"이고 두 번째는 "의식意識"이다.

"의意"란 '소리 음音 + 마음 심心'으로 이루어져 '마음心에서 일어나는 소리音'라는 뜻인데, 결국 이것도 언어에 의해 차별적으로 분별된 마음을 의미한다고 해석할 수 있다. 심리학적으로는 일종의 무의식無意識 또는 잠재의식이라 표현할 수도 있을 것이다. 이에 대해 "의식意識"이란 표층의식을 말한다.

제 2 절 의意란 무엇인가?

불각不覺의 마음이 일어나서
능히 보고, 능히 나타내고, 능히 경계를 취하여
생각念을 일으켜
서로 이어지기에 "의意"라 말한다네.
이 의意는 다시 다섯 이름이 있네.[93]

첫째는 업식業識=무명업상無明業相이니,
무명無明의 힘으로
불각不覺의 마음心이 움직이기 때문이네.[94]

---

[93] 제3권 제14장 [논 29]
[94] 제3권 제14장 [논 29]

둘째는 전식轉識=능견상能見相: 주관이니,
움직인 마음에 의해
능히 상相을 보기 때문이네.95)

셋째는 현식現識=경계상境界相: 객관이니,
전식轉識의 보는 작용에 의하여
능히 일체 경계境界를 나타냄이,
마치 밝은 거울이 물체의 형상을 비추는 것과 같네.
대상이 이르면 곧 나타내고,
언제든지 자연히 일어나서 항상 앞에 있네.96)

> 벗이여, 주관을 떠난 객관은 없는 것이며, 주관과 객관은 일시에 드러나는 것입니다. 던은 이렇게 말했다.

넷째는 지식智識=지상智相이니,
좋아하는 것애愛과 좋아하지 않는 것비애非愛을 분별하여
나아我와 나의 것아소我所이라고 헤아린다네.97)

> 벗이여, 나와 나의 것이라는 자아 관념과 소유 관념은 그대의 날개를 파괴하며, 그대를 아래로 끌어내립니다. 그대가 소유하는 순간 그대는 소유당합니다. 던은 이렇게 말했다.

---
95) 제3권 제14장 [논 29]
96) 제3권 제14장 [논 29], [소 29] 2. ③
97) 제3권 제14장 [소 29] 2. ④

존재의 노래

다섯째는 상속식相續識=상속상相續相이니,
생각念이 서로 응하여 끊어지지 않기 때문이네.
과거 한량없는 기간의 선악善惡의 업業을 간직하여
잃지 않게 하고,
현재와 미래의 괴로움고苦과 즐거움락樂의
과보報를 성숙시켜
어김없이 받도록 하네.
이로써 현재로서는 이미 지나간 일을
문득 생각하게 하고,
미래의 일을 자기도 모르게
헛되이 걱정하게 하네.98)

> 벗이여, 꿈 속에서 몸과 세계가 구분되어 있지만 하나의 꿈인 것과 같이, 삶 속에서 주관과 객관이 나뉘고, 나와 나의 것이 나뉘며, 과거와 현재와 미래가 이어지는 것으로 분별하지만 이는 모두 관념에 의한 것일 뿐 하나의 삶일 뿐이라네. 던은 이렇게 말했다.

---

98) 제3권 제14장 [논 29]

제 3 절 일체유심조―切唯心造 99)

그러므로 삼계三界는
거짓된 것이요,
오직 마음心이 지은 것이라네.

삼계三界의 모든 존재는
마음으로부터 일어나
헛된 생각망념妄念으로 지은 것이고,
일체 분별은
곧 자신의 마음자심自心을 분별하는 것이네.

마음心이 생生하면 갖가지의 존재가 생하고,
마음心이 멸滅하면 갖가지의 존재가 멸한다네.

---

99) 제3권 제14장 [논 29], [소 29]

삼계三界는 불교의 세계관으로 일체의 뭇 생명중생衆生이 머무는 세 가지 세계를 말한다. "욕계慾界"란 식욕이나 성욕 등 감각적 욕망이 강하게 작용하는 세계이다. "색계色界"란 욕망을 떠난 물질적 형태색色나 빛광光이 있는 세계이다. "무색계無色界"는 감각적 욕망과 물질적 형태를 떠나 정신적 작용만이 있는 세계이다. 이 삼계三界는 정도의 차이는 있지만 현상계를 구성하고 있으며 불교의 윤회 세계이다.

기신론과 원효의 관점에 의하면 삼계三界란 다름아니라 업식·전식·현식·지식·상속식에 의해 구성된 세계이다.

이 내용은 우리가 흔히 알고 있는 원효의 '해골물 설화'와 직접 관련 있는 부분이다. 해골물 설화에 따르면, 원효가 의상과 당나라로 유학을 가던 중 해골에 고인 썩은 물을 마시고 "일체유심조一切唯心造: 일체는 오로지 마음이 만든 것이다."를 깨달았다는 것이다. 해골물 설화의 원전인 중국 문헌 『송고승전宋高僧傳』, 「의상전기」에는 다음과 같이 기재되어 있다.

원효와 의상이 당나라에 들어가기 위해 가던 중 주변은 어두워지고 큰 비를 만나, 길가의 토굴토감土龕: 감龕이란 불상 등을 모시기 위해 만든 작은 공간에 겨우 몸을 숨겼다. 그런데 아침에 일어나 보니 그 곳은 무덤이고 해골바가지가 뒹굴고 있었다. 그리고 다음날 길을 가려고 했지만 비가 너무 많이 내리고 땅은 질척해서 한 발자국도 앞으로 나아갈 수 없어 또 무덤에서 머물렀다. 밤이 깊기 전에 갑자기 귀신이 나타나 놀라게 했다. 이에 원효는 탄식하며 의상에게 말한다.

"지난 밤에 잘 때는 토굴土龕이라도 편안하더니, 이 밤은 귀신굴귀향鬼鄕처럼 뒤숭숭하네.

아. 마음이 생生하니 여러 가지 법이 생기고
    심생고 종종법생 心生故 種種法生

마음이 멸滅하니 토굴龕과 무덤분憤이 둘이 아니네.
    심멸고 감분불이 心滅故 龕憤不二

아. 삼계는 오직 마음뿐이요,
    삼계유심 三界唯心

일체 존재는 오직 식識일 뿐이네.
    만법유식 萬法唯識

마음 밖에 법이 없는데, 무엇을 따로 구하겠는가.
    심외무법 호용별구 心外無法 胡用別求

나는 당나라에 가지 않겠네."[100]

이 내용 중 삼계설화와 일체유심조一切唯心造의 의미에 대해

---

[100] 이 설화의 전체적인 내용은 박태원 지음, 『원효, 하나로 만나는 길을 열다』, 한길사, 2016. 371~372쪽 참조. 원효의 말 부분은 『宋高僧傳』권4, 「唐新羅國義湘傳」, 북경 중화서국, 1987, 76쪽 참조

선 다양한 해석이 있지만, 원효 자신의 해설이 바로 위 본문의 해석이다. 중요한 것은 원효가 이 체험으로 깨달은 것은 단순한 중관학파의 공(空) 사상이나 유식학파의 유식唯識 사상의 내용이 아니라, 그 둘을 비판적이고 창조적으로 종합한 대승기신론의 "일심이문一心二門" 사상이라는 것이다.

  원효는 존재계 전체와 일체 존재를 포괄하는 마음인 "일심一心=본각本覺"을 확연히 체득한 것이다. 또한 "무명無明"에 의해 '자신-토굴-무덤'을 차별적으로 인식하는 "심생멸문心生滅門"의 작용과, '토굴=무덤=자신'이라는 "심생멸문心生滅門"의 공통된 모습통상通相이자 원리로서 "심진여문心眞如門"의 평등성을 실존적으로 깨달았던 것이다.

제 4 절 의식意識이란 무엇인가?

의식意識은 곧 상속식相續識이
모든 범부의 집착이 깊어짐에 따라
나아我와 나의 것아소我所을 헤아리고,
과거와 미래, 안과 밖의
온갖 일어나는 일을 분별하는 것이네.
이를 '분별사식分別事識이라고도 한다네.
이 식識은
잘못된 견해견見와 애착애愛에 의한
번뇌를 증장增長시키는 뜻이 있네.101)

제 5 절 절묘한 마음이여, 역동하는 삶이여.

만약 이 심체心體가
한결같이 생멸生滅하여
그저 염심染心, 물든 마음일 뿐이라면
알기 어렵지 않고,
또 만약 한결같이 상주常住하기만 하여
오직 '정심淨心, 맑은 마음일 뿐이라면
이 또한 알기 어렵지 않네.

설사 그 체體가 실로 깨끗하나

---

101) 제3권 제14장 [논 30], [소 30]

상相이 물든 것 같더라도
쉽게 알 수 있으며,
그 식識의 체體가 움직이지만
공성空性은 고요한 것이라면
어찌 알기 어려움이 있겠는가?

그러나 이제
이 심체心體는 깨끗하면서도 물들어 있고
움직이면서도 고요하여,
물들음과 깨끗함의 두 가지가 없으며,
움직임과 고요함의 구별도 없지만,
둘도 아니고 구별도 없으면서
또한 하나도 아니니,
이와 같이 절묘하기 때문에
알기 어려운 것이네.102)

> 벗이여, 실체적이고 관념적인 사유가 무엇이 어렵겠는가. 역동적으로 생성하는 삶을 있는 그대로 체험하고 깨닫는 것이 진실로 어려운 것이고 깊은 것이지. 던은 이렇게 말했다.

비록 심체心體가 움직이더라도
본래 고요하기적정寂靜 때문에

---

102) 제3권 제14장 [별기 31-①]

마음心의 성품性은 항상 무념無念이네.103)

하나의 존재계임을 알지 못하여
마음心에 홀연히 생각念이 일어나는 것,
그것을 무명無明이라 이름 하네.104)

제 6 절 여섯 가지 물든 마음 육종염심六種染心 105)

이 절은 앞의 생멸의 인연因緣에 의해 일어난 5가지 의意와 의식意識의 물든 마음을, 어떻게 초극하여 본각本覺에 이르는가를 다룬다.

본각本覺의 마음心이 무명無明에 의하여 "업식業識→전식轉識→현식現識→지식智識→상속식相續識→의식意識"에 이르는 과정을 유전연기流轉緣起라 한다. 이번 절처럼 그 과정을 거슬러 올라가 본각本覺의 마음에 이르는 과정을 환멸연기還滅緣起라 한다.

여기서는 '여섯 가지 물든 마음'을 "상응相應"과 "불상응不相應"이라는 개념으로 구분한다. 이 중 "상응相應"은 이미 주관으로부터 분리된 객관이 주어진 상태에서, 주관이 그 객관을 인식 대상으로 삼는 경우를 가리킨다. 제7말나식이 물든 "분별지상응염分別智相應染=지식智識"과 제6의식意識이 물든 "부단상응염不斷相應染=상속식相續識" 및 "집상응염執相應染"이 그것이다.

---

103) 제3권 제14장 [소 32]
104) 제3권 제14장 [소 33]
105) 제3권 제14장 [소 34] 2.

> "불상응不相應"이란 주관으로부터 분리된 객관이 이미 주어진 것이 아니라, 주관에 대한 상대相待로서 객관이 형성되어 가는 과정을 가리킨다. "근본업불상응염根本業不相應染=업식業識", "능견심불상응염能見心不相應染=전식轉識", "현색불상응염現色不相應染=현식現識" 등을 설명하는 술어이다.

첫째는 집상응염執相應染이니,
"나我와 나의 것我所 대한 집착에 의하여 물든 마음",
바로 의식意識이라네.

이는 아공我空의 체득에 의해
떠난다네.

> 의식意識 중 "집상응염執相應染"에 의해 육추六麤 중 '집취상執取相'과 '계명자상計名字相'이 형성된다.
> 이를 초극하는 것이 시각始覺 중 상사각相似覺의 단계, 제16장 중 신성취발심信成就發心, 보살 52위로는 십주十住의 단계이다. 제16장에서 이 과정을 자세히 설명한다.
> 집상응염은 아공我空의 체득에 의해 초극할 수 있는데, 아공我空이란 "'나'와 '나의 것'이라는 관념이 실체가 없다는 깨달음"을 의미한다.

둘째는 부단상응염不斷相應染이니,
"존재法에 대한 집착에 의해
끊임없이부단不斷 서로 응하여
이어지는상속相續 물든 마음",
곧 상속식相續識이라네.

이는 "오직 식識일뿐유식唯識"이라고
관觀. 위빠사나. 통찰하여
사유하는 방편을 닦아
법공法空: 존재라는 관념이 실체가 없다는 깨달음의 체득에 의해
떠난다네.

의식意識 중 "부단상응염不斷相應染=상속식相續識"은 육추六麤 중 '상속상相續相'을 형성한다.

이를 초극하는 것이 시각始覺 중 상사각相似覺 단계, 제16장 중 해행발심解行發心, 보살 52위로는 십행十行·십회향十廻向의 단계다. 기신론에 의하면 십지十地중 제1지에 이르러야 온전히 초극한다.

부단상응염不斷相應染은 법공法空의 체득에 의해 초극할 수 있는데, 법공法空이란 "법法, 즉 일체의 존재라는 관념이 실체가 없다는 깨달음"이다. 원효는 이를 위해 삼무성三無性을 체득하여 법法에 집착하는 분별을 떠나야 한다고 한다.

존재의 노래

삼무성三無性은 유식학唯識學에서 말하는 개념이다. 이는 모든 법法, 존재에 고정된 실체자성自性가 없다는 점을 세 가지 측면에서 논한 것이다.

첫째는 상무성相無性이다. 이는 '객관'이라는 상相에 집착하는 성질인 변계소집성遍計所執性, 두루 헤아리고 집착하는 성질에 대하여, 집착할 만한 상相이 없다는 통찰이다. 우리가 '사과', '나무', '하늘' 등으로 인식하는 온갖 '이름과 모양'은 어떤 실체가 있는 것이 아니라, 우리의 분별의식이 만들어낸 것이다.

둘째는 생무성生無性이다. '객관'의 상相은 연기법緣起法에 의해 생겨난 것이라는 의타기성依他起性, 다른 것에 의지하여 일어나는 성질에 대하여 '객관'의 상相이 생겨난다고 할 만한 것도 없다는 통찰이다.

셋째는 승의무성勝義無性이다. '승의勝義'는 '궁극의 진리최고의 의미, Paramārtha'를 말한다. 따라서 승의무성은 "궁극의 차원제일의제, paramārtha-satya에서 어떤 것도 실체자성가 없다"는 뜻이다. 변계소집성에 의한 망상이 제거되고 의타기성연기의 세계가 있는 그대로 드러나는 것, 그리고 연기의 세계를 있는 그대로 비추는 마음의 성품을 원성실성圓成實性:원만하게 이루어진 실재하는 성질이라고 한다. 그런데 승의무성勝義無性이란 이 원성실성조차 어떤 실체가 없다는 통찰이다.

셋째는 분별지상응염分別智相應染이니,
"분별하여 아는 작용에 의한 물든 마음",
곧 지식智識이라네.

이는 아공我空과 법공法空의 지혜가
일어날 때에는 나타나지 못하고,
관觀·위빠사나을 떠나
나와 연緣이 되는 사태事에
마음을 맡겨 버릴 때는 나타나다가,
관觀·위빠사나이 깊어지면 마침내 떠난다네.

> "분별지상응염分別智相應染=지식智識"은 제7말나식이 물든 것으로 육추六麤 중 지상智相을 형성한다.
> 　분별지상응염分別智相應染을 초극하는 것이 시각始覺 중 수분각隨分覺의 단계, 제16장 중 증발심證發心, 보살 52위에서는 십지十地중 제2지부터 제7지까지의 단계다.
> 　"지식智識=지상智相"에 형성된 "자아"와 "소유" 관념은 이 단계에 이르러 초극되는 것이다.

넷째는 현색불상응염現色不相應染이니,
"객관色이 나타나는 물든 마음",
곧 현식現識이라네.

이를 떠난 것이
"객관인 색色에 대해 자재한 경지색자재지色自在地"이니,
이미 정토淨土의 자재함을 얻은 것이네.

> "현색불상응염現色不相應染=현식現識"은 제8아라야식이 물든 것
> 으로 삼세三細 중 경계상境界相을 형성한다.
> 　이를 초극하는 것이 시각始覺)중 수분각隨分覺 단계, 제16장
> 중 증발심證發心, 보살 52위로는 제8지에 해당한다.

다섯째는 능견심불상응염能見心不相應染이니,
"주관이 나타나는 물든 마음",
곧 전식轉識이네.

이를 떠난 것이
"주관인 심心에 대해 자재한 경지심자재지心自在地"이니,
일체의 중생에게 걸림 없이
법을 설하여 깨달음에 이르게 한다네.

> "능견심불상응염能見心不相應染=전식轉識"역시 제8아라야식이 물든 것으로 삼세三細 중 능견상能見相을 형성한다.
> 이를 초극하는 것이 시각始覺 중 수분각隨分覺의 단계, 제10장 중 증발심證發心, 보살 52위에서는 제9지다.

여섯째는 근본업불상응염根本業不相應染이니,
"주관과 객관이 나타나기 전, 무명無明의 움직임에 의해 물든 마음", 곧 업식業識이네.

업식業識을 떠나야
능견能見. 능견심불상응염과 능현能現. 현색불상응염도 사라져
진정한 자재로움을 얻게 된다네.

> "근본업불상응염根本業不相應染=업식業識"역시 제8아라야식이 물든 것으로 삼세三細)중 무명업상無明業相을 형성하며, 주관-객관 이원화가 시작된다.
> 이를 초극하는 것이 시각始覺 중 수분각隨分覺, 제10장 중 증발심證發心, 보살 52위로는 제10지보살진지菩薩盡地 단계다.
> 이 단계에서 근본업불상응염을 온전히 초극하면 등각等覺=여래지如來地에 이르는 것이다.

제 7 절 세간에서 스스로 그러하게
　　　　활동하는 지혜 세간자연업지世間自然業智

여섯 가지 물든 마음육종염심六種染心은
진여眞如의 평등한 성품을 어겨,
고요함, 즉 텅 빔공空을 비추는
근본 지혜조적혜照寂慧=무분별지無分別智를 방해하니,
이를 번뇌애煩惱礙. 번뇌에 의한 장애라 한다네.

무명無明의 혼미함에 의하여
세간에서 분별해야 할 것을 분별하지 못하여
"세간에서 스스로 그러하게 활동하는 지혜"
세간자연업世間自然業智=후득지後得智를 방해하니,
이를 지애智礙. 지적인 장애라 한다네.106)

---

106) 제3권 제14장 [논 37]. [소 37]

무명無明에 의한 여섯 가지 물든 마음을 떠나는 과정에서 진여眞如의 평등한 성품을 확연히 아는 근본의 지혜인 "무분별지無分別智"가 깨어나고, '세간世間에서 스스로 그러하게 활동하는 지혜'인 "세간자연업지世間自然業智"가 깨어난다.

세간자연업지世間自然業智란 진여眞如의 평등성을 세간에서 때시時에 맞게중中분별하여 실천하는 지혜로, 이는 동아시아 고전인 『중용中庸』의 중요한 주제인 시중時中과 통한다고 할 수 있다.

『중용』에 말하는 "시중時中"과 『노자』에서 말하는 "스스로自 그러한연然 무위無爲"의 실천이란, 다름 아닌 기신론에서 말하는 진여眞如의 평등성을 세간에서 실천하는 지혜인 "세간자연업지世間自然業智"를 이른다. 이를 "프락시스Praxis"라고 할 수 있을 것이다.

제 6-6 장 불각不覺 - 생生과 멸滅

> 이 장제3권 제15장은 제6-4장에서 불각不覺을 "상相"의 관점으로, 제6-5장에서 "식識"의 관점으로 설명한 내용을 '거침추麤'과 '미세함세細' 관점에서 종합·정리한다. 또한 "'상相'과 '식識'이 멸滅하더라도 마음의 체體는 멸하지 않는다"는 점을 밝힌다.

제 1 절 거침과 미세함

미세하고 거친 생멸심生滅心의 상相은
무명無明의 훈습熏習, 스며드는 작용에 의한 것이네.

무명無明이라는 인因에 의하여
'미세한 상=불상응심不相應心'이 일어나고,
경계境界라는 연緣에 의하여
'거친 상=상응심相應心'이 일어난다네.

그러므로
인因이 멸滅하면
'미세한 상=불상응심不相應心'이 멸하고,
연緣이 멸하면
'거친 상=상응심相應心'이 멸하네.107)

제 2 절 마음의 체

이때 멸減하는 것은
오직 마음心의 상相이 멸하는 것이요,
마음心의 체體가 멸하는 것이 아니라네.

마음의 체가 멸하는 것이 아니므로
마음이 이어지고,
오직 "어리석음=무명無明"이 멸할 뿐,
"마음心의 신해神解: 신령스러운 앎의 성질=심지心智"은 멸하지
않는다네.108)

---

107) 제3권 제15장 [논 39], [소 39] ①
108) 제3권 제15장 [논 39], [소 39] ④

제 7 장 삼대론三大論: 유한에 갖추어진 무한

> 보통 대승기신론의 사상을 "일심一心이문二門삼대三大"라고 요약한다. 제3장제3권 제6장부터 제6-6장제3권 제15장까지는 그 중 "일심一心이문二門"에 의한 해설이다. 이 장제3권 제17장에서는 체體·상相·용用의 "삼대三大"를 구체적으로 풀어낸다.
>
> 원래 대승기신론 및 소·별기 원문에서는 훈습론熏習論)뒤에 삼대론三大論이 배치되어 있지만, 이 글에서는 삼대론을 앞에 두었다.
>
> 개별 존재인 우리들은 유한하다. 그러나 그 유한성 안에 무한성을 갖추고 있다. 그 유한한 '중생衆生-심心', 즉 '뭇 삶-앎' 속의 무한성을 나타낸 것이 바로 삼대론三大論이다.

제 1 절 진여의 자체상自體相: 심생멸心生滅에 갖추어진 체대體大와 상대相大 109)

> 원효에 따르면 진여문眞如門 중에 대승의 체體가 있고, 생멸문生滅門 중에는 체體·상相·용用이 있다고 말한다. 생멸문 중의 체體를 자체自體라 한다.110) '自자'는 "스스로", "저절로"라는 뜻도 있지만 "~서부터from", "말미암다"라는 의미도 지닌다. 그래서 생멸문生滅門의 체體는 진여문에서 비롯된 체體라는 의미로 자체自體라고 한 것이다. 결국 여기서 말하는 진여의 자체상自體相이란, 심생멸心生滅에 갖추어진 진여의 체대體大와 상대相大를 서술하고 있는 것이다.

진여眞如의 자체상自體相중 체대體大란,
일체의 존재가 진여眞如로서 평등하여
늘어나고 줄어드는 것이 없다는 뜻이네.
일체의 범부·성문·연각·보살·모든 붓다에게
늘어나거나 줄어드는 것이 없으며,
앞에서 나는 것도 아니고 뒤에서 멸하는 것도 아니어서
끝내는 늘 항상하네.

---

109) 제3권 제17장 [논 49]. [소 49]
110) 제3권 제5장 [소 05] 2. ③-2

상대相大란,
본래부터 성품에 스스로 일체의 공덕을
가득 채우고 있다는 것이라네.

이른바 자체自體에
큰 지혜광명의 뜻이 있고,
법계法界를 두루 비추는 뜻이 있고,
진실하게 아는 뜻이 있고,
자성청정심自性淸淨心의 뜻이 있고,
상常: 항상함·낙樂: 즐거움·
아我: 알아차림·정淨: 맑음의 뜻이 있고,
청량淸凉하고 불변不變하고 자재自在한 뜻이
있기 때문이네.

이처럼 갠지스강의 모래보다 많은
불리不離·부단不斷·불이不異·부사의不思議한
불법佛法을 다 갖추고
마침내 만족하여 부족한 바가 없는 뜻이기 때문에
"여래장如來藏"이라 하며
또한 "여래법신如來法身"이라 부른다네.

실로 이러한 모든 공덕의 뜻이 있으나,
차별差別의 상이 없어서

똑같은 한 맛一味이며,
오직 하나의 진여眞如일 뿐이라네.
다만 일체법이 본래 오직 마음心뿐인지라
실로 생각念이 없지만,
헛되이 깨닫지 못하고
생각念을 일으켜 일체 경계境界를 보기 때문에
무명無明이라 하는 것이네.

마음心의 성품性이
생각念을 일으키지 않는 것이
곧 큰 지혜광명의 뜻이라네.
만약 마음이 견해를 일으키면
보지 못하는 상相이 있는 것이니,
마음心의 성품性이 견해를 떠나면
바로 이것이 법계法界를 두루 비추는 뜻이네.

만약 마음心에 움직임이 있으면
진실하게 아는 것이 아니며,
자성이 없게 되며,
상常도 낙樂도 아我도 정淨도 아니네.
이리하여 뜨거운 고뇌로 쇠락하고
변화하며 자재하지 못하며,
갠지스강의 모래알보다 많은
헛되고 물든 뜻을 갖게 된다네.

이러한 뜻에 비추어,
마음心의 성품이 움직이지 않으면
갠지스강의 모래알보다 더 많은
모든 깨끗한 공덕의 모습이 나타난다네.
이러한 정법淨法의 헤아릴 수 없는 공덕이
바로 일심一心이며,
다시 생각念하는 바가 없기 때문에 만족한 것이니
법신法身·여래장如來藏이라고 한다네.

제 2 절　진여眞如의 작용用:
　　　　심생멸에 갖추어진 진여의 용대用大

진여眞如의 작용用이란,
이른바 모든 붓다·여래가 보살의 지위에서
큰 자비慈悲를 일으켜
온갖 바라밀波羅蜜을 닦아
중생을 거두어 교화하고,
큰 서원誓願을 세워
모든 중생을 다 건져 해탈케 하려는 것이네.

왜인가?
일체 중생과 자신의 몸이
진여眞如로서 평등平等하여

다름이 없는 것인 줄
여실히 알기 때문이라네.
이것이 자비와 지혜의 큰 방편이네.

진여의 작용은 상相이 없는 것이지만,
연緣을 따라 작용하는 것이니,
생각하지 않아도 스스로 일을 이룬다네.

붓다와 여래는
오직 법의 몸법신法身이고 지혜의 몸이어서
베풀고 조작하는 것을 떠나지만,
다만 중생이 보고 듣는 것을 따라서
이익을 얻기 때문이라네.[111]

---

[111] 제3권 제17장 [논 50], [소 50]

진여의 작용은, 생각하지 않아도 스스로 일을 이룬다무사성자사無思成自事.

이 부분은 『중용』제25장의 "성자誠者 자성야自成也, 도자道者 자도야自道也"라는 구절을 떠올리게 한다. 이는 "성誠은 스스로 이루어 가는 것이요, 도道는 스스로 길 지워 가는 것이다"라는 뜻이다.

이에 대해 도올 김용옥은 "'성자誠者 자성自成'이라는 말은 우주의 모든 성실한 법칙이 외재적인 존재자에 의하여 조작되는 것이 아니라, 스스로 이루어지는 과정에 있다는 것이다. 우주의 모든 법칙은 그 법칙성을 스스로 내부에서 생성해 간다는 뜻이다. 우주의 길은 사람이 조작적으로 만든 것이 아니라, 스스로 길 지워 나가는 것이라는 뜻이다. 우주진화의 법칙이 어떠하든지 간에 그 진화의 법칙은 우주 스스로 이루고 길 지워 가는 것이다. '자성自成', '자도自道'라는 말은 지금도 생성 중의 과정에 있다는 뜻을 내포한다."라고 설명한다.112)

또 나는 이 구절을 읽으면서 노자의 "무위無爲" 사상이 생각난다. 무위無爲의 의미에 대해 도올 김용옥은 "'무위'라는 것은 '함이 없음'이 아니라, '무無적인 함'을 하는 것이다. 생명을 거스르는 '함'이 아닌, 우주생명과 합치되는 창조적인

---

112) 도올 김용옥,『중용, 인간의 맛』, 2016년, 통나무, 302쪽~305쪽

> '함'이며, 자연自然. 스스로 그러함에 어긋나는 망위妄爲가 없는 '함'
> 을 하는 것이다."라고 설명한다.113)
>
> 현대 자본주의가 작위作爲 문명의 극으로 치닫는 오늘, 진
> 여眞如 사상은 "평등"의 원리뿐 아니라, "내재적 생성"과 "무
> 위"의 원리를 내포하고 있으면서, 새로운 문명의 대안적 기
> 초를 제공한다.

제 3 절 삶은 앎이요, 앎은 삶이다.

붓다의 법의 몸법신法身은
물질색色의 체體:바탕라서
색色을 나타낼 수 있다네.

본래 물질색色과 마음心은
둘이 아니니색심불이色心不二,

왜냐하면 물질색色의 성품이
곧 앎지智이기 때문에색성즉지色性卽智
색의 체體가 모양이 없는 것을
앎의 몸지신智身이라 한다네.

---

113) 도올 김용옥, 『노자가 옳았다』, 112쪽

앎의 성품지성智性이
곧 물질색色인 까닭에지성즉색智性卽色,
법신法身이 모든 곳에 두루 한다고 말하는 것이네.

이는 생각의 분별로 알 수 있는 것이 아니니,
진여眞如의 자유자재한 작용用의 뜻이기 때문이네.114)

아! 물질색色의 성품이 곧 앎지智이고색성즉지色性卽智이고,
앎지智의 성품이 곧 물질색色이라니지성즉색智性卽色!
원효는 바로 이런 체험과 통찰에 바탕하여
"일법계一法界"가 "일심一心"이라고 포효하였던 것이로구나.

---

114) 제3권 제17장 [논 51]

제 4 절 통발生滅門로부터 맛있는
　　　　음식眞如門으로 들어감

> 원효는 이 절에서 흥미롭게도 생멸문을 통발筌로 비유하고, 진여문을 맛있는 음식旨으로 비유하고 있다.

모든 물질色을 꺾고 쪼개어
지극히 미세한 것에까지 이르게 하여도
영구히 얻을 수가 없고,
마음心을 떠난 밖에는
생각할 만한 상相이 없기 때문에,
색色: 물질·성聲: 소리·향香: 향기
미味: 맛·촉觸: 감촉·법法촉: 개념의
육진六塵: 여섯가지 티끌이 끝내 무념無念이라네.

다만 마음 밖에 달리 색진色塵. 물질이 없을 뿐 아니라
마음에서 색色을 찾아보아도
또한 얻을 수 없다네.115)

중생이 무명無明으로 혼미하기 때문에
마음心을 일러 생각念이라 하지만,
움직이는 생각을 찾아보아도
이미 없어졌거나

---
115) 제3권 제17장 [소 52] 2-①

아직 생기지 않은 것이요,
중간에 머무는 바도 없네.
머무는 바가 없기에
곧 일어남도 없으므로,
마음心의 성품性은 실로 움직이지 않는다네.116)

만약 이와 같이 관찰觀察하여
마음心이 무념無念인 줄 알면
곧 진여문眞如門에 들어가게 된다네.117)

---

116) 제3권 제17장 [논 52], [소 52] 2-②
117) 제3권 제17장 [논 52]

제 8 장 훈습론熏習論: 자기초극의 원리

이 장제3권 제16장은 심생멸문心生滅門내의 본각本覺과 불각不覺의 상호작용을 다룬다.

무명無明이 본각을 훈습하여 일어나는 불각의 작용을 염법훈습染法熏習이라고 하고, 본각에 내재한 진여眞如의 이치가 불각의 마음을 훈습하는 것을 정법훈습淨法熏習이라고 한다. 나는 이 정법훈습淨法熏習을 자기초극의 원리로 이해한다.

원래 대승기신론과 소·별기 원문에서 훈습론熏習論은 삼대론三大論 뒤에 배치되어 있지만, 내 판단으론 제8장 훈습론은 자기초극의 원리, 제9장 무아론無我論은 자기초극의 기초, 그리고 제10장 및 제11장은 자기초극의 구체적 과정을 서술하고 있는 것으로 보았다. 그래서 장 구성을 새로 짜 보았다.

훈습熏習은 본래 향이 배는 것을 의미하는데, 이 장외에 다른 장에서는 "스며드는 작용"으로 번역하였다.

제 1 절 훈습熏習의 뜻

훈습熏習이란,
옷이 본래 향기가 없지만
사람이 향으로 훈습하기 때문에
향기가 있는 것과 같네.

생멸문내의 진여眞如라는 정법淨法. 맑은 법,
곧 본각本覺은 실로 물드는 일이 없지만,
다만 무명無明으로 훈습되기에
곧 물든 모습염상染相이 있다네.

무명無明이라는 염법染法. 물든 법,
곧 불각不覺에는 본래 맑은 업정업淨業이 없으나,
다만 진여眞如의 훈습으로
맑은 작용정용淨用이 있는 것이네.118)

제 2 절 염법훈습染法熏習: 일체개고一切皆苦에 이르는 원리

생멸문 내의 진여법眞如法,
즉 본각本覺에 의해 무명無明이 있고,

---
118) 제3권 제16장 [논 41], [소 41]

무명無明이 진여眞如를 훈습하여
업식業識의 마음을 일으키니,
이를 망심妄心, 망령된 마음이라 하네.
이 망심妄心으로 다시 무명無明을 훈습하여
전식轉識과 현식現識을 이룬다네.
이를 진여법眞如法을 깨닫지 못하여
불각不覺하여
생각念이 일어나
헛된 경계境界를 나타낸다고 한다네.

이 헛된 경계境界가 현식現識을 훈습하여
생각念에 대한 집착을 일으키니
이를 지식智識=제7식이라 하고,
여러 가지 업을 지으니
이를 의식意識=제6식이라고 하며,
이에 의하여 몸과 마음의 온갖
괴로움을 받게 되는 것이네.119)

---

119) 제3권 제16장 [논 42], [소 42]

제 3 절 정법훈습淨法熏習: 자기 초극의 원리

제1항 자체상훈습自體相熏習

어떻게 훈습하여
정법淨法을 일으켜 단절시키지 않는가?
이른바 진여법眞如法이 있어
무명無明을 능히 훈습하는 것이니,
진여법이란 본각本覺의
공空: 텅빔과 불공不空: 충만이라네.

본각의 공空의 측면에
있는 그대로의 경계境가 드러나고,
본각의 불공不空의 측면에는
시작이 없는 때로부터 번뇌를 끊는 힘과
불가사의한 작용, 즉 지智를 갖추고 있다네.

이 본래 가진 경境과 지智의 힘으로
암암리에 무명無明을 훈습하고,
이 훈습하는 인연의 힘에 의하여

곧 중생의 망심妄心: 망령된 마음으로 하여금
생사生死의 고통을 싫어하고

열반涅槃 구하기를 좋아하게 하며,
스스로 자기의 몸에 진여법이 있음을 믿어
도 닦을 마음을 내어 수행하게 하는 것이니,
이를 자체상훈습自體相熏習이라고 한다네.120)

제 2 항 용훈습用熏習: 연대와 협동의 원리

용훈습用熏習이란,
중생 바깥의 연외연外緣이 주는 힘이라네.
어떤 사람이 발심發心하여
진여眞如의 법을 따르면,
진여의 훈습력이 작용하여
부모나, 친척, 친구, 원수,
또는 붓다나 보살 등으로 나타나
그 길을 가도록 해주는 것이라네.121)

이 용훈습用薰習 부분은 우리가 스스로 지닌 평등의 원리인 진여법眞如法을 따를 때, 우리 외부의 일체 존재가 함께하는 원리를 밝힌 것이다. 이같은 원리가 다름아닌 "연대와 협동의 원리"일 것이다.

---

120) 제3권 제16장 [논 43], [논 45], [소 45] ②
121) 제3권 제16장 [논 46], [소 46]

제 3 항 열반涅槃을 얻어 자연업自然業을 이룬다.

이같은 진여眞如의 훈습으로,
망심妄心이 생사의 고통을 싫어하고
열반 구하기를 좋아하게 되며,
곧 진여眞如를 훈습하여
<u>스스로의 본성을 믿어서,</u>
마음心이 헛되이 움직인 것일 뿐
헛된 경계가 없음을 알아
멀리 떠나는 법을 닦는다네.

또 앞의 헛된 경계가 없음을 여실히 알고,
여러 방편으로 깨달음을 이루는 수행을 일으켜
집착하거나 잘못 생각하지 않으며,
마침내 오랫동안 훈습熏習한 힘에 의하여
무명無明이 곧 멸하게 된다네.

무명無明이 멸하기 때문에
마음心에 일어나는 것이 없고,
마음에 일어남이 없기 때문에
경계境界도 따라서 멸하네.
인因과 연緣이 다 멸하기 때문에
심상心相이 모두 없어지니,

이를 열반涅槃을 얻어
　　자연업自然業, 스스로 그러한 작용을 이룬다고 한다네.122)

> 　진여의 훈습에 의한 자기초극의 원동력은 열반涅槃이다. 열반이란 삶 자체에 충만한 평화와 기쁨이다. 니체는 자기초극의 원동력을 "권력에의 의지"라 했지만, 기신론과 원효는 "열반"을 원동력으로 보았다. "열반에의 의지" 안에는 니체가 말하는 "권력에의 의지"도 포함되어 있으리라.
> 　하지만 개별 존재로서의 열반의 실현은 대승의 목표가 될 수 없다. 모든 존재가 관계로서 연결되어 있는 존재계에서 어떻게 개별 존재가 홀로 열반을 이룰 수 있겠는가. 존재계, 그리고 일체 존재가 이미 갖추고 있는 삶의 평화와 기쁨을 누리는 것, 바로 이것이 대승철학이고 원효가 지향하는 바일 것이다.
>
> 　이를 기신론과 원효는 "자연업自然業, 곧 스스로 그러한 작용", "세간에서 스스로 그러하게 활동하는 지혜세간자연업지世間自然業智, 후득지後得智" 등으로 표현했다.

---

122) 제3권 제16장 [논 43]

제 4 절 훈습의 다함과 다하지 않음 [123]

염법훈습染法熏習은
이치에 어긋나 일어나기 때문에
시작 없는 때부터 훈습熏習하여 끊어지지 않다가,
마침내 붓다의 깨달음에 이른 후에는
멸滅하여 다함이 있다네.

정법훈습淨法熏習은
이치에 따라 일어나 이치와 상응相應하기 때문에
미래가 다하도록 멸하지 않으니,
진여법眞如法이 항상 훈습熏習하여
망심妄心이 곧 멸하고,
법신法身이 뚜렷하게 나타나
작용의 훈습熏習을 일으키므로
끊어짐이 없어 다함이 없다네.

---

[123] 제3권 제16장 [논 48]. [소 48]

> 이 훈습(熏習)에 대한 장을 읽으면, 『중용』 제26장의 "지성무식(至誠無息)"이라는 말이 떠오른다. 이는 "지극한 성(誠)은 쉼이 없다"는 뜻이다. 중용의 세계관에서 "성(誠)"은 단순한 도덕 원칙을 넘은 우주론의 원리이다. 그리고 그 "성(誠)"은 쉬지 않는다.
> 마찬가지로 진여(眞如)는 존재계, 곧 "일법계(一法界=일심一心)"의 원리이며, 개별 존재인 심생멸(心生滅)의 원리이므로, 항상 쉼없이 작용한다.[124]

---

[124] 『중용』의 성론에 대한 논의는 도올 김용옥, 『중용, 인간의 맛』, 2016년, 통나무, 제20장 이후 참조

제 9 장 무아론無我論: 자기 초극의 기초

이 장제3권 제18장의 원래 제목은 '대치사집對治邪執'이며, "그릇된 집착을 다스림"이라는 뜻이다. 이 장의 핵심 논의는 "무아론無我論"이다.

"무아無我"는 고타마 붓다석가모니이래 불교 철학의 가장 근본 기초다. "무아無我"란 일체 존재의 자성自性 또는 자상自相으로서의 "아我"가 없다는 의미이며, 이는 '아트만', '영혼', '신', '이데아', '형상' 등으로 표현되는 일체의 실체론이나 본체론, 본질론의 부정이다.

제 1 절 그릇된 집착

모든 그릇된 집착사집邪執은
모두 아견我見: 내가 있다는 견해에서 나오니,

만약 "나我"를 떠난다면
그릇된 집착이 없을 것이네.125)

첫째는 "인아견人我見"이니,
총체적인 모습을 주재主宰하는 자가
있다고 헤아리는 것으로,

---
125) 제3권 제18장 [논 53]

이를 인아집人我執이라 하네.

둘째는 "법아견法我見"이니,
모든 존재일체법一切法가
각기 실체가 있다고 헤아리는 것으로,
이를 법집法執이라 하네.126)

제 2 절 그릇된 집착을 떠남

어떻게 그릇된 집착에서 벗어나는가.
염법染法과 정법淨法은
서로 "기다리는상대相待" 관계이어서
말할 만한 자성自性이나 자상自相,
곧 실체가 없음을 알아야 하네.

그러므로 일체의 존재가
본래 색色도 아니요 심心도 아니며,
지혜智도 아니요 앎識도 아니며,
유有도 아니요 무無도 아니어서,
마침내 그 상相을 말할 수 있는 것이 아니라네.

그런데도 말함이 있는 것은
여래如來가 뛰어난 방편으로

---
126) 제3권 제18장 [소 54]

언설言說을 빌려
중생을 인도하는 것임을 알아야 하네.

그 뜻은 모두 생각念을 떠나
진여眞如로 돌아가도록 하기 위함이라네.
왜냐하면 생각念을 일으키면
마음心을 생멸케 하여
참된 지혜에 들어가지 못하기 때문이네.127)

---

127) 제3권 제18장 [논 56], [논 57]

제 10 장 자기초극의 길:
상사각相似覺에서 수분각隨分覺까지

> 이 장제3권 제19장의 제목은 "분별발취도상分別發趣道相"이다. 이는 "발심發心하여 도道 나아가는취趣 모습상相을 분별分別한다"는 뜻이다.
>
> 이 장은 제8장제3권 제11장에서 다룬 시각始覺의 자기초극 네 단계 중, 특히 상사각相似覺에서 수분각隨分覺에 이르는 과정을 구체적으로 서술한다.

제 1 절 신성취발심信成就發心: 상사각相似覺 중 십주十住 단계 수행

> 신성취발심信成就發心은 "진여법眞如法에 대한 믿음을 성취하는 발심"이라는 의미이다. 시각始覺의 네 단계 중 상사각相似覺,비슷한 깨어남 단계 수행이다. 정확히 말하자면 십신十信 단계에서 신심信心을 성취하여 결정심決定心을 발해서, 십주十住단계에 머무는 것이다.
>
> 이는 앞서 말한 그릇된 집착 중 인아견人我見의 잘못을 알고 "인무아人無我=아공我空'를 체득한 단계다.

제 1 항

신성취발심信成就發心이란 어떤 마음인가?

첫째는 곧은 마음직심直心이니
진여법眞如法을 바로 생각하기 때문이며,
이는 자리행自利行과 이타행利他行의 근본이라네.

둘째는 깊은 마음심심深心이니
일체의 모든 선행을 즐겨하기 때문이며,
이는 자리행自利行의 근본이라네.

셋째는 큰 자비심대비심大悲心이니
모든 중생의 고통을 덜어주고자 하기 때문이며,
이는 이타행利他行의 근본이라네.128)

이 세 마음을 내면
어떤 악이든 떠나지 않음이 없고,
어떤 선이든 닦지 않음이 없으며,
한 중생도 괴로움에서 건지지 못하는 일이 없으니,
이를 무상보리심無上菩提心이라 하네.129)

---

128) 제3권 제19장 [논 61]
129) 제3권 제19장 [소 61]

제 2 항

이를 어떻게 닦는가? 130)

첫째는 근본을 행하는 방편이네 행근본방편行根本方便.

일체 존재의 자성自性이 없음을 관觀하여,
헛된 견해를 떠나
생사生死에 머물지 않네 부주생사不住生死.

또 모든 존재가 인연因緣으로 화합해
업과業果를 잃지 않는다고 관觀하여
큰 자비를 일으켜 여러 복덕福德을 닦아
중생을 거두고 교화하며,
열반涅槃에 머물지 않네 부주열반不住涅槃.

이는 존재의 성품법성法性이
머물지 않음법성무주法性無住을 따르는 것이네.

둘째는 능히 잘못과 나쁜 법을 그치는 방편이네 능지방편能止方便.

---

130) 제3권 제19장 [논 61]

자기의 허물을 부끄러워하고 뉘우쳐서
모든 나쁜 법法을 능히 그치게 하는 것이네.

이는 존재의 성품法性이
모든 허물을 떠나있음을 따르는 것이네.

셋째는 마음의 선한 뿌리를 일으켜 증장시키는 방편이네
발기선근증장방편發起善根增長方便.

이는 존재의 성품法性이
어리석은 장애를 떠나있음을 따르는 것이네.

넷째는 평등平等을 향한 큰 바람의 방편이네
대원평등방편大願平等方便.

미래에 다하도록 모든 중생을 교화하고
고통의 바다에서 건져
하나도 남음이 없이
모두 열반涅槃을
이루게 하려는 발원發願이네.

이는 존재의 성품法性이
단절됨이 없고 광대廣大하여 모든 중생에 두루하고,
평등平等하여 둘이 없어 피차彼此를 생각하지 아니하고,
끝내 적멸寂滅함을 따르는 것이네.

제 2 절 해행발심解行發心 : 상사각相似覺 중 육바라밀 수행 131)

> 해행발심解行發心은 "진여법을 깊이 이해하고 실천하는 발심"이다. 시각始覺의 네 단계 중 상사각相似覺의 수행인데, 정확히는 십행十行, 십회향十迴向 단계다. 앞의 그릇된 집착 중 법아견法我見을 떠나 "법무아法無我=법공法空"를 체득하여 육바라밀六波羅蜜을 수행한다.
>
> 바라밀婆羅蜜 또는 바라밀다波羅蜜多는 산스크리트어 빠라미따pāramitā를 음역한 말이다. "완전한 상태"·"구극究極"·"최고의 상태"를 뜻한다. 미망과 생사의 차안此岸, 이 언덕에서 해탈과 열반의 피안彼岸, 저 언덕에 이르는 것이며, 이를 위해 보살이 닦는 덕목·수행·실천을 의미한다.
>
> 구체적으로 바라밀婆羅蜜 수행은 아공我空과 법공法空의 체득, 곧 본각本覺의 체득에 기초하여 "법성法性, 즉 있는 그대로 참되고眞眞 평등한如 존재의 성품"을 따르는 것이다.

---

131) 제3권 제19장 [논 63]

존재의 성품법성法性은
인색하거나 탐욕이 없는 줄을 알기에
그를 따라 보시바라밀報施波羅密을 수행하고,

존재의 성품법성法性은
물들음이 없어
5욕의 허물을 떠난 줄 알기에
五欲: 재욕財欲, 색욕色欲, 음식욕飮食欲, 명예욕名譽欲, 수면욕睡眠欲
그를 따라 지계바라밀持戒波羅密을 수행하며,

존재의 성품법성法性은
괴로움이 없어
성내고 괴로워함을 떠난 줄 알기에
그에 따라 인욕바라밀忍辱波羅密을 수행하며,

존재의 성품법성法性은
심신身心의 상相이 없어
게으름을 떠난 줄 알기에
그에 따라 정진바라밀精進波羅密을 수행하며,

존재의 성품법성法性은
항상 안정되어
그 체體에 어지러움이 없는 줄 알기에
그에 따라 선정바라밀禪定波羅密을 수행하며,

존재의 노래

존재의 성품법성法性은
그 체體가 밝아서
무명無明을 떠난 줄 알기에
그에 따라 반야바라밀般若波羅密을 수행하는 것이네.

> 벗이여, 깨어있는 삶에서 흘러나오는 선사하는 덕보시바라밀. 참된 나눔, 물들지 않는 덕지계바라밀. 참된 자율, 참는 덕인욕바라밀. 참된 관용, 지속하는 덕정진바라밀. 참된 지속, 고요한 덕선정바라밀. 참된 알아차림, 밝은 덕지혜바라밀. 참된 성찰만이 진실한 덕입니다. 이 덕바라밀만이 그대가 존재계로부터 받는 가장 큰 선물이랍니다.
> 던은 이렇게 말했다.

제 3 절 증발심證發心 : 수분각隨分覺에서의 수행

> 증발심證發心은 "진여법을 체득하여 진여의 평등한 마음을 일으키는 발심"이다. 시각始覺의 네 단계 중 수분각隨分覺. 부분적 깨어남 단계의 수행이다. 정확히 말해 십지十地 단계에 해당한다. 비유하자면, "사자가 아이가 되어가는 과정"이다. 여전히 사자의 마음으로 "자아 및 소유 관념", "주관-객관의 분별"과 싸우지만, 동시에 진여眞如의 평등한 마음을 실천하여 순수하고 맑은 아이의 마음으로 세간에서 일체 중생을 위해 평등의 이치를 실현하는 단계이다.

제 1 항

증발심證發心이란
진여眞如를 증득證得하여
진여眞如의 지혜를 갖추니,
이를 법신法身이라 하네.

여기에는 세 가지 마음의 미세한 상이 있네.

첫째는 진심眞心이니
분별分別이 없는 무분별지無分別智요,

둘째는 방편심方便心이니
자연自然히 두루 행하여
중생衆生을 이익利益되게 하는
후득지後得智= 세간자연업지世間自然業智요,

셋째는 업식의 마음業識心이니
무분별지와 후득지가 의지하며
미세하게 생멸하는 아라야식阿黎耶識이네.132)

제 2 항

일체 경계境界는 본래 일심一心으로,
생각을 떠나 있다네.
다만 중생이 경계를 잘못 보아
마음心에 한정됨이 있는 것이고,
생각을 잘못 일으켜
법성法性과 일치하지 않기 때문에
분명히 알지 못하는 것이네.

모든 여래는
헛된 견해와 생각을 떠나서
일심一心과 하나가 되니
이리하여 모든 법法의 성품性이 된다네.

---
132) 제3권 제19장 [논 64], [소 64]

이리하여 붓다의 마음불심佛心이
모든 헛된 법망법妄法의 체이며,
모든 헛된 법은 붓다의 마음의 상相이네.
상相은 자체自體에 나타나고,
자체自體는 그 상相을 환하게 비추어
큰 지혜의 작용이 두루 미치지 않음이 없다네.133)

제 3 항

여래의 법신法身이 평등平等하여
모든 곳에 두루 미치어
의식적 노력작의作意이 없기에
"자연自然: 스스로 그러함"이라고 하네.134)

> 벗이여. 증발심證發心, 즉 수분각隨分覺의 단계에 이르러야 『노자』의 무위無爲, 그리고 『중용』의 시중時中의 온전한 실천이 가능해집니다. 던은 이렇게 말했다.

---

133) 제3권 제19장 [논 66]. [소 66] ③
134) 제3권 제19장 [논 66]

제 11 장 자기초극의 길: 범부각凡夫覺에서 상사각相似覺까지

이 장제3권 제20장의 제목은 "수행신심분修行信心分"이다. 여기에서는 시각始覺 네 단계 중 범부각凡夫覺에서 상사각相似覺에 이르는 길, 앞서 분별발취도상分別發趣道相에서 말한 신성취발심信成就發心에 이르는 과정을 서술한다.

수행신심분의 구체적인 내용은 "4신四信"과 "5행五行"으로 표현된다. 4신四信이란 "진여법, 불, 법, 승"에 대한 믿음이고 5행五行이란 "보시報施·지계持戒·인욕忍辱·정진精進·지관止觀"의 5가지 수행을 의미한다.

이 중 5행은 "지관止觀"이라는 성찰과 "보시·지계·인욕·정진"이라는 실천으로 구성되어 있다.

제 1 절 네 가지에 대한 믿음 사신四信 :
진여법眞如法, 불佛, 법法, 승僧 135)

> 이 절에서 얘기하는 네 가지 믿음의 특징은 보통 불교에서 얘기하는 불·법·승 삼보三寶에 대한 믿음에 더해서 진여법眞如法에 대한 믿음이 근본 믿음으로 제시된다는 점이다. 이는 존재계와 일체 존재의 평등성에 대한 믿음이야말로 모든 믿음의 근본이 된다는 점을 선언하고 있는 것이다.

무엇을 신심信心이라 하는가?

첫째는 근본根本을 믿는 것이니,
이른바 진여법眞如法을 즐겨 생각하기 때문이네.
진여법은 모든 붓다佛: 온전히 깨어난 자가 돌아가는 바요,
모든 행동의 뿌리라네.

둘째는 붓다에게 헤아릴 수 없이
많은 공덕功德이 있다고 믿어,
항상 붓다를 가까이하고 공양·공경하여
선근善根을 일으켜
일체지一切智: 일체 제법의 총상을 아는 지혜를
구하려하기 때문이네.

---

135) 제3권 제20장 [논 68] [소 68]

248 존재의 노래

셋째는 법法에 큰 이익이 있음을 믿어,
항상 모든 바라밀을 수행할 것을
생각하기 때문이네.

넷째는 수행자僧가 바르게 수행하여
자리自利·이타利他할 것을 믿어서,
항상 모든 보살菩薩: 깨어난 중생들을
친근히 하여
여실한 수행을 배우려하기 때문이네.

제 2 절 보시·지계·인욕·정진의 수행 136)

> 5가지 수행오행五行 중 지관止觀을 제외한 보시·지계·인욕·정진의 실천에 대한 설명이다.
> 이 단계에서 보시·지계·인욕·정진의 실천은 앞서 살펴본 육바라밀六波羅蜜 수행 중 보시바라밀·지계바라밀·인욕바라밀·정진바라밀과 그 내용에서는 다르지 않다. 다만 바라밀 수행은 본각本覺의 깊은 체득에서 우러나오는 실천이라면, 여기에서의 보시·지계·인욕·정진은 네 가지 믿음에 기초한 도덕적 실천이며, 본각本覺과 그 내용인 아공我空과 법공法空의 체득에 이르기 위한 수행이다.

---

136) 제3권 제20장 [논 71]

어떻게 보시(報施)를 수행하는가?

만약 와서 구하고 찾는 사람을 보거든,
가진 재물을 힘닿는 대로 베풀어
스스로 인색하고 탐욕한 마음을 버리어
그 중생들을 기쁘게 한다네.

만약 재난을 만나
두려워하고 궁핍해진 사람을 보거든
자기의 능력이 되는 대로 두려움을 없애준다네.

만약 중생이 와서 법法을 구하는 이가 있으면,
자기가 아는 대로 방편方便으로 설하되,
명예나 이익이나 공경을 탐하지 않고,
오직 자리自利·이타利他만을 생각하여
보리菩提: 깨달음에 회향한다네.

보시報施란 나눔이다. 그 나눔은 단순한 연민이나 동정에 의한 시혜나 자선이 아니다. 그것은 동체대비同體大悲에 기초한 공감과 연대감에 의한 것이다.

어떻게 지계持戒를 수행하는가?

살생하지 않고불살不殺,
도둑질하지 않고불도不盜,
음행하지 않으며불음不淫,
이간하는 말양설兩舌을 하지 않고,
나쁜 말악구惡口을 하지 않으며,
거짓말망언妄言하지 않고,
꾸미는 말기어綺語을 하지 않으며,
욕심과 시기탐질貪嫉,
속임수기사欺詐,
아첨첨곡諂曲,
성냄진에瞋恚과
삿된 견해사견邪見를 멀리 떠나는 것이네.

> 지계持戒란 단순한 당위적 규범 준수가 아니다. 그것은 존재에서 자연적으로 나오는 수신修身이며, 자기 규율self-discipline이고, 자율自律이다.

존재의 노래 251

어떻게 인욕忍辱을 수행하는가?

마땅히 타인의 괴롭힘을 참아서
마음에 보복할 것을 생각하지 않네.

이익이利과 손해쇠衰,
폄훼훼毁와 명예예譽,
칭찬칭稱과 비난기譏,
괴로움고苦과 즐거움락樂의
여덟 가지 바람을 견뎌야 한다네.

> 르상티망ressentiment, 즉 원한이나 보복감정, 그리고 거기서 비롯된 적대감정은 보살菩薩 : 깨어난 중생에게는 전혀 무관한 감정이다. 인욕忍辱이란 이러한 르상티망과는 무관한 진정한 의미의 관용이다.
> 참고로 프레이리는 이기적 이해관계나 상대방을 단지 인도주의를 발휘할 대상으로 전락시키는 관용을 "허구적 관용"이라고 하여 "참된 인간적 관용"과 구별하고 있는데, 여기서의 인욕忍辱은 참된 인간적 관용을 의미한다.137)

---

137) 파울루 프레이리, 앞의 책, 68쪽

어떻게 정진精進을 수행하는가?

모든 선善한 일에 대하여
마음속에 게으르거나 주저함이 없어야 한다네.
마음먹은 것이 굳세고 강하여
약하고 두려운 마음을 버려야 한다네.

아주 오래된 과거로부터 헛되이 받은 몸과 마음이
모두 큰 괴로움이니
아무런 이익이 없다는 것을 생각하여야 하네.

이 때문에 모든 공덕을 부지런히 닦아
자리自利·이타利他하여
모든 고통을 서둘러 벗어나야 하네.

　정진精進과 관련해서는 "성자誠者 천지도야天之道也, 성지자誠之者 인지도야人之道也", 즉 "성誠 그 자체는 하늘의 도이고, 성誠해지려고 노력하는 것은 사람의 도다"라는 중용 제20장의 글이 떠오른다.
　이에 대해 도올 김용옥은 "성자誠者"란 성誠 그 자체이고, "성지자誠之者"의 '지之'는 앞의 말을 동사화시키는 작용을 하므로 이는 성誠해지려고 노력하는 과정Process을 의미한다고 하고 있다.138)

---

138) 도올 김용옥, 『중용, 인간의 맛』, 2016년, 통나무, 277~278쪽

앞의 제14장 훈습론 제4절에서 언급했듯이, 진여법眞如法의 훈습熏習하는 힘이 성誠이라면, 진여법의 훈습하는 힘에 의해 성誠해지려고 노력하는 것이 정진행인 것이다.

제 3 절 지관止觀을 쌍으로 닦음 지관쌍수止觀雙修

"생각을 멈춘다"는 의미의 '지止'는 '정定', 산스크리트어로는 '삼매' 또는 '사마타'라고 한다.
"있는 그대로 주의 깊게 알아차린다"는 의미의 '관觀'은 '혜慧', 산스크리트어로는 '위빠사나'라고 한다.
지止와 관觀을 함께 닦는 것을 "지관쌍운止觀雙運", 또는 "지관쌍수止觀雙修"라고 하는데, 이를 고려시대 지눌은 "정혜쌍수定慧雙修"라고 했다. 이 지관止觀 수행은 불교 명상 수행의 핵심이며, 이를 통해 '존재계=삶'의 실상이 있는 그대로 드러난다.

'지止에 기초한 관觀'은 불교적 특징을 명확히 보여 준다. 즉 사유나 성찰에 해당하는 "관觀"은 반드시 사마타, 즉 망념을 멈춘 "지止" 상태에서 이루어져야 한다. 이러한 '지止에 기초한 관觀', 그리고 '관觀에 기초한 지止'인 "지관쌍운止觀雙運"이야말로 진정한 의미의 성찰이다.

"지止"는 사마타śamatha이니,

진여문眞如門에 의하여

일체 경계의 상相을 그치는 것이네.

분별하는 생각에 의하여 모든 바깥 경계를 만들지만,

이제 깨달음의 지혜로

그 바깥 경계의 상을 깨뜨리는 것이네.

바깥 경계의 상이 그치면

분별할 대상이 없으므로 "지止"라 하고,

분별할 대상이 없으면 곧 무분별지無分別智를 이룬다네.139)

"관觀"은 위빠사나vipaśyanā이니,

생멸문生滅門에 의하여

모든 경계상을 분별하여

모든 존재에 있는 진여의 이치부터

헤아릴 수 없이 많은 세속적인 인과에 대한 이치를

관觀하여

후득지後得智. 무분별지 이후에 오는 분별의 지혜를

이루는 것이네.140)

이를 어떻게 닦는가?

움직이거나행行 머물거나주住

눕거나와臥 일어나거나기起

---

139) 제3권 제20장 [논 72], [소 72]
140) 제3권 제20장 [논 72], [소 72]

어느 때든지 모두 응당
지止와 관觀을 함께 수행해야 한다네.141)

실제實際를 움직이지 않고
모든 법法을 세우는 이치를 따르는 까닭에,
지행止行을 버리지 않고도
관행觀行을 닦을 수 있는 것이니,
진실로 법法이 비록 유有도 아니지만
무無에도 떨어지지 않기 때문이네.

또한 임시의 이름가명假名을 파괴하지 않은 채로
있는 그대로의 실제 모습실상實相을 따르므로,
관행觀行을 버리지 않고도
지문止門에 들어갈 수 있는 것이니,
그 법法이 비록 없는 것은 아니나
항상 있는 것도 아니기 때문이네.142)

지止와 관觀의 두 가지 행行이
반드시 서로 이루어져야 함은
새의 양 날개와 같고 수레의 두 바퀴와 같네.
두 바퀴가 갖추어지지 않은 수레는
짐을 실어 나를 수 없고,
한 날개라도 없는 새가

---
141) 제3권 제20장 [논 79]
142) 제3권 제20장 [소 79] 1.

어찌 허공을 날 수 있겠는가?
그러므로 만약 지止와 관觀이
함께 갖추어지지 않으면
깨달음보리菩提의 도道에
들어갈 수 없다네.143)

> 벗이여, 멈추어 알아차림止觀은 그대와 분리되지 않은 존재
> 계를 드러냅니다. 그대는 존재계이며, 존재계는 그대입니다.
> 던은 이렇게 말했다.

제 4 절 지止=사마타, 삼매 수행

제 1 항 수행을 위해 앉는 자세

고요한 곳에 머물러 단정히 앉아
뜻을 바르게 한다네.

먼저 앉는 곳을 편안히 하고 항상 평온하게 하여
오래도록 공부하는 동안 방해가 없게 하네.

다음에는 다리를 바르게 하네.
반가좌半跏坐를 하려면,

---

143) 제3권 제20장 [소 79] 3.

왼쪽 다리를 오른쪽 넓적다리 위에 올려서
몸 가까이에 끌어다 붙이고,
왼쪽 발가락과 오른쪽 넓적다리가 가지런하게 하네.
전가좌全跏坐를 하려면,
오른쪽 다리를 반드시 왼쪽 넓적다리 위에 두고
다음에 왼쪽 다리를 오른쪽 넓적다리 위에 놓으며,
옷의 띠를 풀어 느슨하게 하되
앉을 때 흘러내리지 않게 하네.

다음에는 손을 편안하게 하네.
왼손 바닥을 오른손 위에 두어 손을 겹쳐서
왼쪽 넓적다리 위에 가지런히 두며
몸 가까이 끌어당겨
중심에 두어 편안하게 하는 것이네.

다음에는 몸을 바로잡아야 하네.
먼저 스스로 안마하듯
몸과 팔다리의 관절을 일곱·여덟 번 흔들고
몸을 단정하고 똑바르게 하여
어깨의 뼈가 수평이 되게 하여
기울거나 솟아나게 하지 말아야 한다네.

다음엔 머리와 목을 바르게 하는 것이니,

코끝이 배꼽을 기준으로 중심을 잡아서
좌우左右와 전후前後가
기울지도 삐뚤지도 않게 하며
위로 올리지도 아래로 내리지도 말고
바르게 머물게 해야 한다네.

제 2 항 마음이 머무는 아홉가지 단계 구종심주九種心住 144)

마음이 머무는 아홉가지 단계란
마음이 내주內住하며, 등주等住하며,
안주安住하며, 근주(近住하며,
조순調順하며, 적정寂靜하며,
최극적정最極寂靜하며,
전주일취專住一趣하며
등지等持하게 되는 것이네.

① **내주심**內住心 : 안에 머무름**이란,**

마음 밖의 일체의 연에 따라 만든 경계로부터
그 마음을 거두어 단속하고
안에다 매어 두어
밖으로 산란하지 않는 것이네.

---

144) 제3권 제20장 [소 72] 4. 1. [소 73] 3

② **등주심**等住心 : 안에 계속 머무름**이란,**

처음으로 안에 매어둔 마음은
그 본성이 거칠게 움직이는 것이어서
아직 가지런하게 두루 머무르게 할 수 없기에,
마음의 집중이 이어지게 하고 상속방편相續方便
맑게 하는 방편 징정방편澄淨方便 으로
일체의 모든 상相을 꺾어 미세하게 하고
거두어 들여 머무르게 하는 것이네.

> 여기까지를 역려운전작의 力勵運轉作意 라고 하는데, 힘써서 의지를 일으켜 마음을 제어하는 단계이다.
>
> 위에서 말한 마음을 집중시키고 맑게 하는 상속방편相續方便·징정방편澄淨方便이란 염불이나 만트라, 화두 등을 말한다. 가장 권하는 방편은 숭산 스님의 "오직 모를 뿐"이다. 숭산은 말한다.
> "내려놓으십시오. '나-나의-나를'이라는 마음을 내려놓고, 아무것도 만들지 말고, 아무 것에도 걸리지 말고 '오직 모를 뿐'인 마음으로 곧바로 나아가십시오. 그러면 당신의 모를 뿐인 마음은 맑게 되고, 어떠한 상황에서도 맑게 비추어 보는 일이 가능해집니다."

존재의 노래 261

③ **안주심**安住心 : 편안하게 머무름**이란,**

만약 이 마음心이 비록 돌아와
이처럼 내주內住·등주等住 하였으나
그 마음을 놓쳐 바깥으로 산란하게 된 것을,
다시 되돌려 거두어 단속하여
안에다 편하게 두어
바깥 경계를 잊어서 마음이 고요해지는 것이네.

④ **근주심**近住心 : 가깝게 머무름**이란,**

안주심安住心을 닦아 익히는 힘으로
자주 의식적으로 그 마음을 안에 머무르게 하고,
이 마음이 멀리 떠나지 않고
머무는 것을 근주近住라고 하네.

⑤ **조순**調順 : 고르고 순해진 마음**이란,**

갖가지 상相이 마음을 흐트러지게 하니,
소위 색·성·향·미·촉의 오진五塵, 다섯 가지 티끌과
탐·진·치의 삼독三毒, 세 가지 독과
남녀 등의 상相이라네.

그러므로 응당 이 모든 상(相)들을
지나가는 생각으로 여겨야 할 것이며,
이러한 생각들을
마음속에서 꺾고 묶어버려서
흩어지지 않게 하는 것이네.

⑥ **적정**寂靜 : 고요해진 마음**이란,**

갖가지 욕망, 분노, 그리고 남을 해치려는 마음 등의
여러 나쁜 생각과 번뇌가 있어
마음을 요동케 하기에,
이러한 여러 가지 법(法)들을
지나가는 생각으로 여겨,
마음이 흐트러지지 않는 것이네.

⑦ **최극적정**最極寂靜 : 지극히 고요해진 마음**이란,**

위의 고요한 마음 적정寂靜 놓쳐
곧 저 나쁜 생각과 번뇌가
잠시 나타나서 움직여 일어나지만,
이를 차마 받지 아니하고
생각한 즉시 돌이켜 밀어내는 것이네.

존재의 노래 263

마음이 바깥으로 흐트러지면
곧 그 마음을 거두어 와서
정념正念에 머물게 하네.
이 정념이란 "오직 마음 뿐유심唯心"이요,
바깥 경계가 없음을 아는 것이네.
또한 이 마음도 그 자체의 상이 없어
생각 생각마다 얻을 수 있는 것이 없다네.145)

> 이 안주安住, 근주近住, 조순調順, 적정寂靜, 최극적정最極寂靜 단계를 유간결운전작의有間缺運轉作意라고 한다. 이는 역려운전작의力勵運轉作意 단계보다 힘은 덜 들고 삼매를 이루지만 삼매가 중간 중간 끊어지는 단계이다.

⑧ **전주일취**專住一趣 : 오로지 한 가지 방편에 머무르는 마음**란,**

아직 힘을 쓰는 가행加行 : 더욱 노력함이 있고
공용功用이 있어
앉고 일어나고 가고 오고 나아가고 머무는 등의
모든 행위를 하는 일체의 때에,
항상 방편을 생각하고
방편을 따라 관찰하지만,
삼매가 틈이 없고 간격이 없이 상속하여 머무른다네.

---

145) 제3권 제20장 [소 73] 3. ⑦

> 이 전주일취의 단계를 무간결운전작의(無間缺運轉作意)
> 라고 한다. 삼매가 끊어지지 않고 이어지지만 아직 힘을 쓰
> 는 공용(功用)은 있는 단계이다.

⑨ 등지_{等持} : 평등하게 지속되는 마음란,

앞서 익힌 수행의 힘으로
힘을 쓰는 가행_{加行}이나 공용_{功用}이 없어도
가라앉거나 들뜨는 마음을 멀리 떠나서,
자연스럽게 머물게 되기에 등지_{等持}라고 한다네.

이 등지_{等持}의 마음이
진여_{眞如}의 상_相에 머물기에
점점 예리해져서
차츰 진여삼매_{眞如三昧}에 들어가게 된다네.
이로 인하여 공부에서 물러나지 않는 위치인,
불퇴위_{不退位}에 들어가게 되네.

이 단계에 이르렀을 때,
사지_{四肢}와 몸체가 움찔움찔 움직임을 느낄 것이니,
이렇게 막 움직일 때에
곧 그 몸이 구름과 같고 그림자와 같아서

---

146) 제3권 제20장 [소 76] 3. ①

있는 듯도 하고 없는 듯도 하며,
부드러운 힘이
혹은 위로부터 나오고 혹은 아래로부터 나오며
혹은 옆구리로부터 나와
은미하게 몸에 두루 한다네.146)

> 이 등지의 단계를 무공용운전작의(無功用運轉作意), 즉 힘을 쓰지 않고도 삼매가 끊어지지 않고 이어지는 단계라고 한다.

이처럼 사마타_{지止}를 얻은 후에야,
능히 위빠사나_{관觀}를 닦고 익힐 수 있다네.

제 3 항 진여삼매_{眞如三昧} 147)

이 진여삼매에 의지하기 때문에
곧 존재계가 하나의 상_{법계일상法界一相}임을 알게 되네.

이는 모든 붓다의 법신_{法身}이
중생의 몸과 더불어 평등_{平等}하여 둘이 아님을 말하며,
이를 일행삼매_{一行三昧}라고 이름한다네.

진여_{眞如}가 이 삼매의 근본이니,

---
146) 제3권 제20장 [소 76] 3. ①
147) 제3권 제20장 [논 74]

사람들이 이를 수행하면
점점 헤아릴 수 없이 많은 삼매를 내는 것이네.

제 4 항 수행 중 심마心魔를 타파함

수행하는 자가 선근善根의 힘이 없으면,
모든 마魔와 외도外道와 귀신鬼神들에 의하여
어지럽게 된다네.
앉아 공부하는 중에
어떤 형체를 나타내어 공포를 일으키게 하거나,
때론 미남미녀 모습 등으로 나타날 수 있지만,
그 모든 경계가
"오직 자기 마음의 분별"이라고 사유하고
"마음 밖에 별다른 경계가 없다"는 생각을 일으키면
경계의 모습이 바로 없어질 것이네.
이것이 모든 마군과 귀신을 떨쳐버려
마침내 괴로움을 당하지 않는 방법이네.148)

이처럼 마魔의 그릇된 법이 사라지면
곧 고요한 마음이 밝아지고 맑아져서,
마치 구름이 걷히고
해가 드러나는 것과 같을 것이네.149)

---

148) 제3권 제20장 [논 75], [소 75]
149) 제3권 제20장 [소 76] 3. ③

제 5 절 관觀=위빠사나 수행

> 벗이여, 알아차림관觀이란 산봉우리의 정상과 계곡의 심연을 함께전소 보는 것관觀이랍니다. 뎐은 이렇게 말했다.

제 1 항 관觀=위빠사나 수행의 원리150)

'관觀=위빠사나'이란 내심의 삼매에 의지하여
여러 법法 중에
바르게 생각하여 판단하며正思擇정사택,
가장 지극하게 생각하여 판단하며最極思擇최극사택,
빠짐없이 두루 생각하며周徧尋思주편심사,
빠짐없이 두루 세밀하게 분별하고 살피는周徧伺察주편사찰 것이라네.

① **바르게 생각하여 판단함**정사택正思擇**이란,**

인연이 되는 경계에 대하여
반드시 다함이 있는 성질진소유성盡所有性을
지니고 있다고
바르게 생각하여사思 판단擇택하는 것이네.

---
150) 제3권 제20장 [소 72] 4. 2. 이에 대한 자세한 설명은 제1권 『깨어나는 새벽』, 98~102쪽과 이 책 제1부 제3장 제1절 존재의 노래(19) 부분 참조

② **가장 지극하게 생각하여
　　판단함**최극사택最極思擇**이란,**

인연이 되는 경계에 대하여
있는 그대로 평등한 진여의 성품여소유성如所有性을
지니고 있다고
가장 지극하게 생각하여 판단하는 것이네.

③ **빠짐없이 두루 생각함**주편심사周徧尋思**이란,**

인연이 되는 경계에 대하여
혜慧:위빠사나에 기초해서 행함에 있어,
분별分別하고 생각을 일으킬 때,
그 모습상相과 상태.상狀을 빠짐없이 두루
전체적으로 생각심사尋思하는 것이네.

④ **빠짐없이 두루 세밀하게 분별하고
　　살핌**주편사찰周徧伺察**이란,**

인연이 되는 경계에 대하여
혜慧:위빠사나에 기초해서 행함에 있어,
분별分別하고 생각을 일으킬 때,
그 모습상相과 상태,상狀를

존재의 노래　269

자세하게 조사하고 추구하여
빠짐없이 두루
세밀하게 분별하고 살피는 것이네.

제 2 항 법상관法相觀: 무상無常, 고苦,
　　　　유전流轉:무아無我, 부정不淨에 대한 관觀 151)

관觀을 닦아 익히는 이는
일체 세간의 인연으로 말미암아
생멸生滅하는 온갖 법法은
오래 머무름이 없어
금방 변하고 없어지며무상관無常觀

모든 마음의 작용이
생각마다 생멸生滅하기 때문에
이것이 괴로움인 줄 알아야 하네고관苦觀.

마땅히 과거過去에 생각한 모든 법法이
어슴푸레하여 꿈과 같은 줄 관觀해야 하며,
현재現在 생각하는 모든 법法이
번갯불과 같음을 관觀해야 하며,
미래未來에 생각할 모든 법法이

---

151) 제3권 제20장 [논 78] 1.

마치 구름雲과 같이
홀연히 일어나는 것임을 관觀해야 하네무아관無我觀=유전流轉.

세간의 모든 몸뚱이가
모두 다 깨끗하지 못하고
갖가지로 더러워져서 하나도
즐거워할 만한 것이 없음을 관觀해야 하네부정관不淨觀.

제 3 항 대비관大悲觀 : 큰 자비를 일으키는 관 152)

이처럼 일체중생이 시작이 없는 때로부터
모두 무명無明에 의해 훈습熏習되어
마음心을 생멸生滅케 하여,
이미 모든 몸과 마음에 큰 고통을 받았으며,
현재에도 곧 헤아릴 수 없이 많은 핍박逼迫이 있으며,
미래에 받을 고통도 한계가 없어서
버리고 떠나기 어려운데도
이를 깨닫지 못하니,
중생이 이처럼 심히 불쌍하다는 사실을
늘 생각해야 한다네.

---

152) 제3권 제20장 [논 78] 2.
153) 제3권 제20장 [논 78] 3.

제 4 항 서원관誓願觀 : 큰 서원을 세우는 관 153)

이러한 생각을 하고 곧 용맹스럽게
다음과 같이 큰 서원誓願을 세워야 하네.

"바라옵건대 내 마음心이
분별分別을 떠나 시방에 두루하여,
모든 선善의 공덕을 수행하며,
미래가 다하도록 헤아릴 수 없이 많은 방편으로
고뇌하는 모든 중생을 구원하여,
그들에게 열반涅槃이라는
지극한 즐거움을 얻게 하고자 합니다"

제 5 항 정진관精進觀 154)

이러한 서원願을 일으키기 때문에
모든 때, 모든 곳에 있는 여러 선善을
자기의 능력에 따라 버리지 않고,
닦고, 배워서 마음에 게으름이 없어야 하네.
오직 앉았을 때 지止에 전념하는 것을 제외하고,
나머지는 일체 다 마땅히 행할 것응작應作과
행하지 말아야 할 것불응작不應作을
관찰觀察해야 한다네.

---

154) 제3권 제20장 [논 78] 4.

남해산책 인문학선 2

존재의 노래
원효의 대승철학 : 삶, 깨어남, 평등 2권
2025년 7월 20일 1판 1쇄
지은이 김학성

편집 문동원 · 김조숙 **디자인** 문동원
펴낸이 김조숙 **펴낸곳 남해산책출판사**
등록 2017년 6월 26일 제543-2017-000004호
주소 (우)52446 경상남도 남해군 삼동면 동부대로 1375
전화 055-863-2297 **m** 010-5579-2297
전자우편 2002gl@naver.com
팩스 070-4758-9970
홈페이지 https://blog.naver.com/2002gl
ISBN 979-11-985278-2-0 (04150)
            979-11-962159-9-6 (세트)

이 책은 저작권법에 따라 보호받는 저작물이므로
무단전재와 무단복제를 금합니다.
남해산책출판사는 독자 여러분의 의견에 늘 귀기울이고
있습니다.
'사람이 꿈꾸는 세상, 세상이 꿈꾸는 책. 남해산책'